Mis versos y los tuyos

- Obra poética -

Consuelo Badilla

Mis versos y los tuyos

- Obra poética -

Consuelo Badillo Rivera

(1906 -1955)

Diseño de portada: José Orlando Sued

Foto de la portada y contraportada: autores desconocidos

Edición de fotografía: José Orlando Sued

ISBN: 978-1-944352-00-4

Índice

Introducción

Historias y personajes

Estampas y recuerdos

Poemas sobre el magisterio

Poemas pedagógicos: rimas adaptables para las clases

Datos biográficos de la autora

Consuelo Badillo de Rivera Baerga nació en Añasco, Puerto Rico, el 6 de septiembre de 1906. Fue la segunda hija del matrimonio compuesto por Juan Badillo Ramos, natural de Aguadilla y Flora Rivera Vicente, natural de Cayey. Su padre era comerciante de profesión, por lo que residió en varios pueblos de la Isla, entre los que se destacaron Guánica, Ponce y Guayama, hasta que finalmente se estableció en Patillas. Por tal razón, Consuelo asistió a la escuela elemental en Patillas y más tarde a la superior en Guayama. Durante el tiempo que el padre de Consuelo se trasladó por distintos pueblos de la Isla como parte de sus negocios, nacieron Antonia (Toña), hermana mayor de Consuelo, y sus hermanos menores, Antonio (Toño), Lydia, Adalgisa, Flor Alina y Sigfredo, quien también es poeta.

Durante los años 20, ya graduada de escuela superior, Consuelo se desempeñó como maestra rural en diferentes barrios de Patillas, entre los que se destacan, Apeadero, Pollos y Jacaboa. En este último, pasó el ciclón de San Felipe en 1928.

En 1933 se casó con el también maestro rural, Manuel Rivera Baerga. Dos años después nació el primer hijo de ambos, Manuel, quien falleció a los seis meses, víctima de malaria. Cinco años más tarde, en 1940, nació su segundo hijo, quien también se llamó Manuel. Ese mismo año, su esposo fue electo alcalde de Patillas por el Partido Popular Democrático. En 1942 nació el tercer hijo de la pareja, Franklin Manuel. En esta época Consuelo continuó sus labores como maestra, esta vez en el barrio Bajos, puesto que el sueldo de su esposo como alcalde era de $60 mensuales.

En 1945 toda la familia se trasladó a San Juan debido a que su esposo fue electo para ocupar un escaño en la Cámara de Representantes, por los pueblos de Patillas, Arroyo y Maunabo. En este tiempo Consuelo tomó un receso magisterial que aprovechó para cursar estudios en la Universidad de Puerto Rico, de donde se graduó con honores como Maestra Normal en 1947.

En 1950 Consuelo y su familia regresaron a Patillas, donde residieron hasta 1953, año en que regresaron a San Juan. Allí ejerció como maestra en la Escuela Jesús María Quiñones, en el barrio Villa Palmeras en Santurce, hasta que falleció víctima de cáncer el 15 de octubre de 1955 a los 48 años.

Durante todos los años que estuvo en el magisterio fue creando nuevos métodos de enseñanza y con su inspiración poética escribió diferentes tipos de poemas; unos de carácter pedagógico, otros con profundos sentimientos patrióticos, pero todos, indudablemente, con una sensibilidad exquisita y única. Como parte de su producción creativa también se destacan obras teatrales y artículos periodísticos de la época, así como cuentos y cartas a diferentes personalidades. Se estima que Consuelo escribió más de 200 piezas literarias.

Algunos de sus trabajos fueron publicados en diferentes revistas y periódicos locales y del exterior. Mucha de su obra fue premiada en distintos certámenes, como el realizado en los Juegos Florales de Nueva York de 1954, donde ganó el segundo lugar por su poema "Salve oh Princesa". Otro de sus poemas premiados fue "El cafetal", ganador del primer premio de La Revista del Café de Puerto Rico en 1953. Este libro "Mis versos y los tuyos" contaba originalmente con dos tomos, pero uno de ellos se extravió. La autora le presentó este libro a las autoridades del Departamento de Instrucción Pública, hoy Departamento de Educación, en la década de los 50, pero no tuvo acogida por falta de recursos económicos.

Es ahora luego de muchos años que me he dado a la tarea de rescatar el trabajo realizado por mi madre, con la ayuda desinteresada del profesor José Orlando Sued, sobrino-nieto de la autora, y por ende, mi primo. Hoy, mediante esta publicación, se pretende rescatar y dar a conocer gran parte de la labor literaria de una gran maestra, para el disfrute de las presentes y futuras generaciones. Esperamos que los lectores del libro aprecien el valor del mismo, teniendo en cuenta que estos poemas fueron escritos hace muchos años con cariño y respeto para todos.

Manuel Rivera Badillo, M.D.,
en San Juan, Puerto Rico,
diciembre 2014.

Sin libro de texto ni presupuesto

Mientras Consuelo Badillo Rivera le daba vida a los trabajos que componen este libro, lo hizo en un contexto distinto al que muchos podrían pensar. No se encontraba sentada en algún rincón idealizado de la Universidad de Puerto Rico, ni en cualquier centro cultural que congregara a intelectuales doctos en poesía o literatura. Estos poemas tampoco fueron redactados sobre un escritorio fastuoso, circundado por una imponente biblioteca personal que aglutinara textos clásicos de los principales escritores de la época.

Para lograr entender el contenido temático y el estilo de estos poemas, es necesario estar al tanto de dos elementos importantes: en qué contexto histórico cobraron vida estos trabajos y para quiénes fueron redactados. Con esto en mente, debemos transportarnos a algún punto entre las décadas del 20 y del 30, y visualizar a Consuelo Badillo Rivera montada a caballo, mientras recorre un camino rural de tierra que la llevará a la escuela donde no solo dará clases, sino que además pernoctará de lunes a viernes. Vale aclarar que, si era necesario dormir en las colindancias de la escuela durante los días laborales, en lugar de volver a su casa el mismo día, era porque la gran distancia y la rudimentaria vía entre la escuela y su hogar hacían que esto fuera imposible. Estampas como la antes descrita, son las que dan sentido a palabras como "compromiso" y "vocación".

Ya explicado el contexto de gestación de estos trabajos, vale abundar sobre los destinatarios para quienes fueron redactados estos poemas. A diferencia de lo que suele ocurrir hoy en día, estos poemas no se crearon con la intención de impresionar al lector con un gran manejo de palabras rebuscadas o imágenes poéticas abstractas; sus objetivos están más que claros: celebrar, agradecer, honrar, y educar. En unos momentos históricos como los que vivimos al presente, en que algunos maestros no poseen la capacidad de dar clase más allá de lo que diga el "libro de texto oficial" o de lo que dicten las "cartas circulares", resulta más que necesario analizar este trabajo de manera minuciosa. Este libro, es evidencia irrefutable de que un verdadero maestro puede dar clase sin la necesidad de limitar el contenido de su enseñanza a lo estipulado por burócratas o intelectuales aburguesados. Consuelo Badillo no necesitó de un texto oficial para dictar sus cursos, pues ella misma escribió su propio libro, teniendo como referencia para su creación las necesidades y deseos que pudo identificar en aquellos alumnos desventajados a quienes dio clases.

Dejando a un lado el aspecto pedagógico, vale aclarar que la autora logró que su poesía trascendiera el salón de clases. Su trabajo también retrata otros rincones de nuestra cotidianidad, tales como las distintas estampas, tradiciones y personajes pueblerinos de aquella época. Es al hacer inventario de la selección temática de los trabajos de la autora, que podemos entender aún mejor su poesía y la intencionalidad que se esconde detrás de ella. Consuelo, prefirió dirigir su mirada sobre "el zapatero", la "anciana venerada", el "limpia botas" e inclusive, hasta de un caballo llamado "Salvavidas". Con esto presente, resulta importante además, tener en cuenta el valor histórico que se halla entre las líneas de muchos de los poemas. Sus trabajos logran recrear de modo literario, aunque con unos referentes históricos claros, muchas estampas y personajes pueblerinos que, de nos ser por la autora, probablemente hubiesen quedados en el olvido. Como bien queda evidenciado en muchas páginas de este poemario la mujer de pueblo, la poeta y la educadora son difíciles de separar, pues caminan al unísono.

La idealización es un mal perenne que se halla de esquina a esquina en la literatura, tanto de Puerto Rico, como en otras partes del mundo. Sería muy sencillo acusar a la autora de idealizar a nuestra isla en su poesía, debido al tono positivo de su trabajo. Sin embargo, vale preguntarnos, ¿acaso la autora escribía del Puerto Rico que veía o del país al que aspiraba? Como maestra, Consuelo Badillo Rivera siempre tuvo claro que el pesimismo o la desesperanza no son una opción al momento de educar a niños pobres de nivel elemental. Al ver con detenimiento su poesía y los destinatarios para quienes fue creada, es evidente que esa mentalidad de educadora se transportó también a su trabajo literario. No se puede decir que la autora ignoraba o desconocía las vicisitudes que los puertorriqueños pobres enfrentaron durante la primera mitad del siglo veinte, tan solo porque esta temática no constituye el foco de atención primordial de su obra. Por el contrario, desde la trinchera de su salón de clases, Consuelo utilizó sus poemas como herramientas educativas para combatir esa desigualdad e ignorancia de la que Puerto Rico fue víctima entre las décadas del 1920 y 1950.

En este sentido valdría preguntarnos qué tiene más valor al momento de levantar a un país, ¿un "gran intelectual" que reflexiona y poetiza de modo abstracto sobre la desigualdad, desde su posicionamiento social privilegiado, o una maestra rural que es consciente de que se necesitan mucho más que fanfarria y discursos para levantar y construir a un país pobre, que sufre de un alto nivel de analfabetismo?

Bien sirva este trabajo para rescatar la memoria histórica y para rendirle homenaje a una maestra puertorriqueña que hace más de sesenta años fue ignorada por las "autoridades" gubernamentales, por falta de presupuesto. Bien sirva este libro como testigo elocuente, para evidenciar que hace más de sesenta años existió en Puerto Rico una maestra que demostró con sus acciones, que para ser un verdadero educador, no hace falta presupuesto, sino voluntad.

José Orlando Sued, M.A.,
en San Juan, Puerto Rico,
diciembre, 2014

- Fotografías históricas -

A la derecha, Consuelo Badillo Rivera junto a su padre, Juan
Badillo Ramos; su madre, Flora Rivera Vicente y su hermana,
Antonia Badillo Rivera. Foto tomada entre los años 1910 y
1914.

Foto de la autora tomada durante los años 20.

La autora junto a un grupo de estudiantes en el barrio Bajos de Patillas, en el año 1943.

Maestros y maestras de Patillas, en el año 1943.

A·PROPUESTA·DE·LA·FACULTAD·DE·EDUCACIÓN
DE·LA
UNIVERSIDAD·DE·PUERTO·RICO
EL·CONSEJO·SUPERIOR·DE·ENSEÑANZA
POR·LA·PRESENTE·CONFIERE·A

Consuelo Badillo de Rivera Faerga

ESTE·DIPLOMA·DE·MAESTRO·NORMAL·POR·HABER·COMPLETADO
LOS·CURSOS·DE·ESTUDIOS·EXIGIDOS···EN·TESTIMONIO·DE·LO
CUAL·LOS·FUNCIONARIOS·AUTORIZADOS·DE·LA·UNIVERSIDAD
FIRMAN·EL·PRESENTE·TÍTULO

DADO·EN·RÍO·PIEDRAS·PUERTO·RICO·EL·DÍA DOCE   DE JUNIO
EN·EL·AÑO·DE·NUESTRO·SEÑOR·DE·MIL·NOVECIENTOS CUARENTA Y SIETE
honores

PRESIDENTE DEL CONSEJO SUPERIOR DE ENSEÑANZA   RECTOR

Diploma universitario de Consuelo Badillo Rivera.

Consuelo Badillo Rivera junto a su esposo Manuel Rivera
Baerga y sus hijos Manuel y Franklin Manuel. Foto tomada el
6 de septiembre de 1952 en el aeropuerto de Isla Grande.

Consuelo junto a su esposo Manuel Rivera Baerga. Foto
tomada en el 1952

- Poemas -

Historias y personajes

Canto de ruiseñor

UNA niña hermosa y pura
como un rayito de sol
escuchaba entusiasmada
el canto de un ruiseñor.

Al escuchar aquel canto
tan dulce y conmovedor,
la niña exhaló un suspiro
y el pajarito voló.

En una jaula dorada
un ruiseñor encerré,
para oír su lindo canto
pero en mi afán fracasé.

Lo que vi en aquella jaula
nunca lo podré olvidar,
ver cómo muere de pena
quien ama la libertad.

Mi caballo

Veloz mi caballo
corre por el prado
y en la carretera
corre a fino paso.

Mi lindo caballo
es dócil y manso,
él nunca se cansa,
¡da gusto montarlo!

Todos los domingos
salgo de paseo
en mi buen caballo
después que lo aseo.

Cuando regresamos
lo llevo al establo
y muy de mañana
lo suelto en el pasto.

Mi muñeca

Tengo una linda muñeca,
la que cuido con esmero,
la duermo con mis canciones
y la he llamado Consuelo.

Son sus cabellos castaños,
sus labios, suaves y frescos
y sus ojos, cual estrellas,
me hacen soñar con el cielo.

De mi muñeca querida
nunca me podré olvidar,
porque a su lado he pasado
horas de felicidad.

Muñequita, mi tesoro,
mi pedacito de cielo,
me siento feliz y alegre
cuando te llamo Consuelo.

El conejito

Este lindo conejito
tan blanco como la nieve
juguetea por el prado
y andar solito prefiere.

Ten cuidado conejito
ten cuidado con los perros
ellos no son tus amigos
guárdate siempre de ellos.
¿Por qué te vas conejito
tan temprano a pasear?
Si tú quieres, conejito,
iré contigo a jugar.
Beberemos en la fuente
correremos por el prado
buscaremos dulces frutas
posaremos bajo un árbol.

Y allí bajo de su sombra
pasaremos un buen rato,
deleitándonos y oyendo
de los pájaros su canto.

Ven conejito conmigo,
yo te quiero acompañar
a correr allá en el prado
y alegremente jugar.

Mi fiel compañero

Cuando oigo el dulce canto
del ruiseñor en la rama,
corro alegre y presurosa
y me acerco a la ventana.

Allí escucho silenciosa
sus melodías endechas,
que me llenan de alegría
y disipan mis tristezas.

Tierna avecilla que traes
dulce paz al corazón,
cuelga tu nido en la rama
que está junto a mi balcón.

Serás mi fiel compañero
yo, tu admiradora eterna,
tú me darás tus canciones,
yo, mis caricias más tiernas.

Gracias, gracias ruiseñor,
porque el ruego has oído
y aquí junto a mi balcón
estás colgando tu nido.

Con júbilo entonaremos
cantos de dicha y de paz,
llevando amor y alegría
a toda la vecindad.

El torito confiado

Muy de mañana
salió el ternero
de la cañada
solo a buscar
un sitio alegre
donde encontrara
la fresca grama
para pastar.

Adiós mamita
no te impacientes,
vendré temprano
de mi excursión.
¡Soy toro fuerte,
soy toro bravo!
Sé defenderme,
tengo valor.

Se fue hacia el bosque
el toro incauto
solo confiando
en su valor,
no adivinaba
que allá en el bosque
tenía su cueva
un fiero león.

La verde grama
comió anhelante,
bebió agua fresca

del manantial
y al sentir sueño
buscó jadeante
la sombra grata
de alto nogal.

¡Pobre torito!
¡Qué corta dicha!
Nunca volviste
de tu excursión,
jamás tu madre
supo que fuiste
sabrosa cena
de un cruel león.

Soldadito de juguete

Soldadito, soldadito,
soldadito, ¡qué placer!
Verte con tu cornetita
tan bien hecha de papel.

¿A quién llamas, soldadito,
con tu ra-ra-ra-rá,
es acaso el conejito
que en el prado alegre está?

¿Es a la linda ardillita
que muy afanosa está
recogiendo bellotitas
de nueces para guardar?

¿Será al lindo peturrojo
que se columpia en la rama
llevando en su duro pico
para su nido la paja?

¿O es que estás muy preocupado
por la bella zagalita
que llena muy de mañana
su cesta de margaritas?

Si es la tierna zagalita
la que llamas con afán
toca suave tu corneta
con su ta-ra-ra-ra-rá.

Ya se acerca soldadito
tu preciosa zagalita
con el lindo petirrojo
el conejo y la ardillita.

Adiós lindo soldadito,
soldadito de jugar.
Toca suave tu corneta
con su ta-ra-ra-ra-rá.

El leñador

Por una estrecha vereda
camina el buen leñador
con su hacha sobre el hombro
sin importarle el calor.

Solo piensa en la familia
que dejó allá en su bohío
rodeado de bambúes
junto al caudaloso río.

Con el haz de leña seca
se dirige a la ciudad
mientras pregunta anhelante
quien se la quiere comprar.

Se dirige hacia la choza
por el camino sombrío
mientras piensa en alta voz,
¡bendito seas, oh Dios mío!

Bendito porque he ganado
para mis hijos el pan,
con el sudor de mi frente,
con tu ayuda paternal.

Envuelve la obscura noche
aquel humilde bohío
donde el leñador descansa
junto al caudaloso río.

La brisa arrulla amorosa
aquella humilde cabaña
mientras la luna se asoma
tras la gigante montaña.

La brisa, el río y la luna
con su maternal amor,
guardan el feliz bohío
del humilde leñador.

La niña de mis recuerdos

Aún recuerdo la niña
de la riza cabellera
con sus ojazos de cielo,
sus dientes, como las perlas.

Eran sus manos, cual lirios,
pálidas como la cera,
que acariciaban mi frente
cuando me acercaba a ella.

Eran sus labios, claveles
entreabiertos con la brisa,
que reían y reían
y hechizaban su risa.

¿Por qué recuerdo la niña?
¿Por qué evoco su recuerdo?,
si no ha de volver jamás
a brindarme su consuelo.

¿Por qué se fue de mi lado,
por qué dejó en mí ese hueco,
que no he podido llamarlo
ni en la tierra, ni en el cielo?

Creo que vendrá alguna vez
a evocar en mí su recuerdo,
a envolverme con su encanto
en la paz de un dulce sueño.

Por eso yo cada noche
espero con embeleso
el retorno de la niña
que una vez volara al cielo.

Esa noche la veré
radiante como un lucero,
acercarse hasta mi cama
y darme en la frente un beso.

Le estrecharé entre mis brazos
y la cubriré de besos,
de besos puros y castos
como pétalos eternos,
perfumados con la esencia
de la flor de mis recuerdos.

Curación divina

Por las calles va la niña
implorando una moneda
a todos los viandantes
que pasan por la ancha acera.

"Una limosna señor,
una moneda siquiera,
para salvar a mi madre
que se muere en la miseria".

Todos pasan por su lado
sin observarla de cerca,
ninguno suele ayudarla,
nadie le da una moneda.

Alguien se acerca de pronto,
mira a la niña que ruega,
la saca de aquel bullicio
y a un sitio claro la lleva.

"¡Pobrecita, ¿qué te pasa
que lloras de esa manera?
Dime lo que te sucede,
te daré lo que tú quieras".

Al instante el triste rostro
de la niña resplandece,
de la alegría inefable
que tan dulce voz le ofrece.

Ya no piensa en su miseria,
solo piensa en su mamita
que acurrucada en su lecho
espera a su pobre hijita.

Con la voz entrecortada
cuenta su mísera vida,
entre sollozos y llanto
al extraño que la mira.

"Vamos pronto niña buena
vamos hacia tu casita,
ya no tendrás más miserias,
yo sanaré tu mamita".

Penetran en la casucha
desprovista de riquezas,
pero en cambio todo brilla,
cual oro por su limpieza.

Se ha despertado la madre
de aquel letargo sombrío
y llama a su linda niña
sin alientos y sin bríos.

El extraño va hacia el lecho
de aquella infeliz mujer
y le fricciona la frente
y le da algo de beber.

El visitante y la niña
esperan con ansiedad
que el tratamiento aplicado
pueda a la enferma curar.

La estancia está iluminada
y se puede contemplar,
madre e hija bien unidas
en abrazo maternal.

Luego miran al extraño
que las mira sonriente
mientras en su frente brilla
una luz resplandeciente.

Ambas se postran de hinojos
ante la apuesta figura
que con sus níveas alas
se remonta a las alturas.

La niña vuelve su rostro,
de ternura su alma llena,
con voz suplicante y dulce
le habla de esta manera:

"Bendito seas, ángel bueno,
gracias por tanta bondad
me has devuelto la alegría
has curado a mi mamá".

La bella durmiente

Estaba en su palacio
dormida una princesa
por el maligno encanto
de una bruja hechicera.

Hacía ya muchos años
que la hermosa doncella
al igual que sus padres
dormía eterna siesta.

Todos los del palacio
quedaron silenciosos
bajo el mágico encanto
de ensueño misterioso.

La mágica hechicera
no perdonó jamás
no asistir a la fiesta
de la princesa real.

Con enojo y perfidia
el palacio envolvió
en un mágico sueño
que a todos los durmió.

Pasaron muchos siglos
y se ocultó el palacio
bajo la agreste sombra
de arbustos y peñascos.

Ya nadie recordaba
la leyenda sombría
del palacio encantado
que augusto allí dormía.

Mas un día venturoso
un príncipe que corre
en busca de su presa
descubrió alta torre

Corrió como atraído
por misterioso afán
y dejó atrás la presa
corriendo más y más.

Descubrió allá una puerta
por la cual penetró,
subió altas escaleras
de un amplio corredor.

Al fin abrió una alcoba
y quedó deslumbrado
ante la imagen bella
de un ser inanimado.

Se acercó junto al lecho
de la hermosa princesa
y estampó un tierno beso
sobre su frente fresca.

La diva abrió sus ojos,
sorprendida miró,
la gallarda figura
del príncipe que amó.

¡Oh, príncipe anhelado!
Qué dicha tan inmensa
de volver a la vida,
de olvidar la tristeza.

De pronto despertaron
todos en el palacio,
confundiéndose alegres
en fraternal abrazo.

Sonaron las campanas,
sonaron placenteras,
anunciando la boda
de la hermosa princesa.

Vivieron muy felices
según cuenta la gente
el príncipe heredero
y la Bella Durmiente.

El Rey Midas

Mientras reposaba el Rey Midas
entre almohadones de seda,
el Hada de la Fortuna
tierna y bella se le acerca.

"Oh, Rey Midas! -dijo el hada-
pide todo lo que quieras,
tendrás lo que tú desees
desde el cielo hasta la tierra".

El Rey Midas ambicioso
por aumentar su tesoro
le responde entusiasmado,
"cambie lo que toque en oro."

"Así será, no lo dudes",
y ante su vista se esfuma
aquella hermosa visión,
el Hada de la Fortuna.

Al instante va al jardín
y toca una linda rosa,
y al convertirse esta en oro
su mano está temblorosa.

Vuelve a su rica mansión,
pide agua a sus lacayos
y agua y copa son de oro
al acercarles a sus labios.

Luego se sienta a la mesa
y al contacto de sus dedos
todo se convierte en oro
y huye espantado de miedo.

Se dirige hacia su alcoba
donde llora amargamente
cuando se acerca su hija
y estampa un beso en su frente.

Al contacto de sus labios
la princesa se convierte
en una estatua de oro
y su cuerpo yace inerte.
Desesperado el Rey Midas
llora, llora su amargura,
y ruega volver a ver
al Hada de la Fortuna.

Desea que el hada devuelva
la vida a su hermosa niña,
aunque pierda su fortuna,
su corona, hasta su vida.

De pronto aparece el hada
envuelta en gran resplandor
y le pregunta al monarca:
"¿Eres feliz, gran señor?"

Con la voz entrecortada,
cual suplicante lamento,
pide al hada que le libre
de aquel maldito tormento.

Prométele que será
el más humilde monarca,
repartiendo entre los pobres
todo el oro de sus arcas.

Así será, dijo el hada
y ante su vista se aleja,
mientras llega a sus oídos
de su hija la voz tierna.

Hija y padre se confunden
en abrazo muy sentido
y le dan gracias a Dios
por todo lo sucedido.

Prontamente hace llamar
a todos los desvalidos,
a los huérfanos y viudas,
y les brinda pan y abrigo.

Luego saca de sus arcas
sus alhajas y su oro,
y los regala a los pobres
ante el asombro de todos.

Absortos y confundidos
aquellos humildes seres
ruegan por el buen monarca
que a los pobres tanto quiere.

El rey está satisfecho
ha cumplido su promesa

ya no quiere oro ni alhajas
solo quiere a su princesa.

Es feliz en su palacio
desprovisto de riquezas,
pero en cambio su hija luce
como un astro: luz, belleza.

En el jardín padre e hija
pasan horas venturosas;
él, contemplando a su hija;
ella, cultivando rosas.

Han pasado muchos años
de esta novedosa historia,
pero todos la llevamos
bien gravada en la memoria.

El zapatero

El honrado zapatero
sentado en su tosco banco
trabaja afanosamente
remendando los zapatos.

Los chicuelos de la escuela
se detienen al pasar
y preguntan si están listos
sus zapatos de pasear.

Los obreros de la granja
temprano van a buscar
sus zapatos remendados
para ir a trabajar.

Del taller las lindas mozas
inquieren con su sonrisa
si están ya sus zapatillas
para el domingo ir a misa.

El doctor, el abogado,
el dentista, el conductor,
preguntan al zapatero
el precio de su labor.

Todos se van satisfechos
desde el niño, hasta el letrado
y el zapatero bendice
el fruto de su trabajo.

El organista

Organista, ¡qué contento!
vas tocando tu organillo,
mientras baila alegremente
tu muy mimado monito.

¡Qué bien baila tu monito,
da gusto verlo bailar!,
cuando termina una pieza
al público va a saludar.

Unos le dan golosinas,
otros monedas le dan,
el muy astuto las guarda
y vuelve enseguida a bailar.

Cuando han recorrido todas
las calles de la ciudad,
se van a la plazoleta
para un descanso tomar.

Allí chicos y mayores
dulces y frutas les dan,
también algunas monedas
porque pronto ya se van.

Ya se aleja el organista
con su gracioso monito,
prometiéndoles a todos
que regresará prontito.

Ya no se ve el organista,
tampoco se ve el monito,
solo se escuchan las notas
del muy alegre organillo.

Sueño feliz

Hacia el lecho va la niña
y al posar sobre la almohada
siente que se va elevando
por sobre altas montañas.

De pronto va caminando
por entre flores y palmas,
mientras le sale a su paso
un monje de luenga barba.

El monje, muy complacido,
le conduce a su cabaña,
donde ella se divierte
mirando cosas muy raras.

Luego la lleva a una pieza
que está bien iluminada,
donde contempla anaqueles
con cerraduras de plata.

Se acerca a los anaqueles
donde ella puede admirar
libros de todos los tiempos
que hablen de la humanidad.

En el centro de la estancia
hay una pequeña mesa
que contiene un lindo cofre
que el monje abre ante ella.

Extrae del bonito cofre
un libro de áureo color
y se lo brinda a la niña
y le dice en alta voz:

"En este libro hallarás
todo lo que tú deseas
de los mundos, de los astros,
de los seres, de la tierra".

La niña tomó aquel libro
y en sus páginas leyó
todo lo que deseaba
para hacer una lección.
Devuelve al monje aquel libro,
él lo guarda complacido
y le regala a la niña
la llave del cofrecito.

De momento se despierta
porque un rayito de sol
jugueteaba en su frente
como un pétalo de flor.

Extrañada de aquel sueño
se levanta muy discreta
y saca de su escritorio
un lápiz y una libreta.

Sale a la calle de prisa
y sin pensarlo penetra
llena de gran entusiasmo
en una amplia biblioteca.

Lee uno y otro libro
hasta poder encontrar
la lección que su maestra
le asignó para estudiar.

Se sonríe satisfecha
ha podido comprobar
que los libros atesoran
inapreciable caudal.

Caudal de sabiduría
de inapreciable valor
que encontramos si leemos
con ahínco y devoción.

La niña no ha olvidado
al monje que le entregó
del saber la áurea llave
cuando una noche soñó.

Camino de nardos

Camino de nardos,
camino de ensueños,
camino sembrado
de gratos recuerdos.

Recuerdos de niño
albos, sonrosados,
llenos de ternura,
de encanto cargados.

Todas las mañanas
feliz recorría
aquel caminito
que me sonreía.

Miraba sus flores,
las aves oía
entonar sus cantos
al rayar el día.

Unas veces solo,
otras con mi madre,
regresaba ansioso
al caer la tarde.

Cuando desde lejos
contemplaba blanco
aquel caminito
bordeado de nardos,
algo me decía,

algo muy adentro,
que aquel caminito
guardaría recuerdos.

¿Recuerdos? ¡Ah, sí!,
muy gratos recuerdos
de una hermosa niña
de mirar de cielo.

¡Cómo la quería!,
¡cómo recuerdo!,
recogiendo nardos,
cultivando ensueños.

Para mí era un ángel
y así yo recuerdo
su sonrisa dulce,
su mirar tan tierno.

Éramos muy niños,
éramos muy buenos,
y castos y puros
eran nuestros juegos.

Aquel caminito
bordeado de nardos
oyó nuestras risas,
guardó nuestros cantos.

Al caer la tarde
y ocultarse el sol
junto a mi madre
éramos los dos.

Fuimos muy felices
en nuestra niñez
junto aquella madre
que me diera el ser.

En una mañana
bañada de sol
tuve que alejarme
y decirles: ¡adiós!

Ambas me lloraron,
me vieron marchar
por aquel camino
la fama escolar.

Pasaron los meses,
los años pasaron
y con mis esfuerzos
los triunfos llegaron.

Lleno de esperanza
y de gran cariño
regresé dichoso
por aquel camino.

Lleno de esperanza
y de gran cariño,
regresaré dichoso
por aquel camino.

Camino de nardos,
camino de ensueños,
que me condujeron
de la tierra al cielo.

¡Madre de mi vida!
¡Madre de mi alma!
Colmaron mi gloria
tus benditas cartas.

4 de marzo de 1951

El tigre burlado

En el bosque está el tigre
esperando su presa,
no respira ni mueve
su inclinada cabeza.

Recostado en la rama
de un corpulento árbol,
espera que alguien pase
para él atraparlo.

Siente que alguien se acerca
y se pone en acecho,
escondiendo sus garras
bajo su inquieto pecho.

Sus ojos echan fuego,
su cuerpo se estremece,
aprieta bien sus dientes
y más su ansiedad crece.

De pronto bajo el árbol
se detiene su presa,
es algo muy extraño,
pues no le ve cabeza.

Solo piensa en el hambre
que lo atormenta ya
y salta sin pensarlo
su presa a devorar.

Pero, ¡qué gran sorpresa
el tigre se llevó!,
bajo dos hojas grandes
un ratoncito halló.

El hábil ratoncito
había llegado allí
arrastrando las hojas
y bajo ellas dormir.

El agresivo tigre
nunca pudo pensar
que un débil ratoncillo
lo pudiera engañar.
El tigre se aleja
lleno de gran rencor
maldiciendo la astucia
del pícaro ratón.

La vendedora de flores

Se acerca con su canasta
la vendedora de flores,
casta risueña y hermosa,
portadora de colores.

Los viajeros se detienen
a comprar sus flores bellas,
mientras contemplan sus ojos
alegres, cual estrellas.

Cuando ha vendido sus flores,
dulce, amorosa contempla
la partida del sol bello
que con la tarde se aleja.

Retorna hacia la campiña
se dirige hacia su huerta
y corta preciosas flores
y vuelve a llenar su cesta.

Parece el Hada Madrina
entre las flores hermosas
con sus cabellos dorados
y tez color de rosa.

Con paso firme y seguro,
con su cesta en la cabeza,
retorna a su humilde choza
donde su abuela espera.

Con su rostro sonriente
después de guardar su cesta
besa a la buena ancianita,
háblale de esta manera.

"¡Dios bendito, qué dichosa!
me siento en esta casita
con mi canario, mi huerta,
mis flores y mi abuelita.

"Aquí estoy para cuidarte
y hacer tu vida feliz,
en memoria de mi madre
que a edad temprana perdí".
La noche tiende su manto
sobre la florida huerta
y al rayar su luz el alba
el canario la despierta.

Bien de mañana la niña
feliz con su hermosa cesta
se dirige a la ciudad
por la campiña desierta.

Se acerca con su canasta
la vendedora de flores
casta, risueña y hermosa,
portadora de colores.

Esta es la grata historia
de la niña casta y linda,
que vende preciosas flores
y hace feliz su abuelita.

La madre morena

Morena es mi madre
mi madre es morena
con ojazos negros,
brillantes y bellos
como las estrellas.

Su tez es morena,
pero su alma blanca,
generosa y buena
perfuma el ambiente
como una azucena.

Su voz es tan dulce,
tan suave y tan queda,
que al hablar llena el alma
de dulce remanso
que calma las penas.

Su cuerpo es grácil y esbelto
como una palmera
y cimbrea su cintura, cual junco,
al vaivén de la brisa
alegre y perlera.

Su cabello sedoso y espeso
como una gran selva
enmarca su frente sin manchas,
que aumenta el encanto
de su tez morena.

Su espíritu siente
la triste nostalgia
de nacer morena,
creyendo sus hijos
negáranla un día,
sin dolor y pena.

Mi madre tan tierna
se siente angustiada
ante este dilema,
¿me querrán mis hijos,
aunque tengo yo
esta tez morena?

Por eso la escucho con ansias
y de pronto me acerco hacia allá,
y con gozo indecible me inclino
y estampo en su frente morena
la tierna caricia de un beso,
cargado de dichas inmensas.

Y mi lira desgarro a su oído
con voz plañidera y sentida,
y le brindo al raudal de mis versos
que la envuelva como una caricia,
que embriaga su alma
y endulza su vida.

Oye madre noble,
oye madre buena,
no importa que tengas
la tez morena,
si escondida llevas
la eterna belleza
que aspiran tus hijos,
cual fragante esencia.

Fue enviado al superintendente Escolar de San Juan,
Profesor Evaristo Rivera Tosado,
quien felicitó a la autora y tuvo grandes elogios
por la sutileza y profundidad del mismo.

Ancianidad venerada

Eran los hilos de plata
de la anciana venerada,
una cascada de ensueños
sobre su nuca encorvada.

Encorvada por los años
que pasaban y pasaban,
dejando estampadas huellas
que los años no borraban.

Sus ojos grises y claros
contemplaban, contemplaban,
los lejanos horizontes
que recuerdos reflejaban.

Los recuerdos tan queridos
que pugnaban, que pugnaban,
por salir de su escondite
para alegrarle su alma.

Su alma generosa y pura
que soñaba, que soñaba,
remontarse hasta la cumbre
en busca de amor y alma.

La calma que había perdido
que buscaba, que buscaba,
para mitigar las ansias
que la angustia le brindaba.

La angustia de estar tan sola
le embargaba, le embargaba,
y evocaba con nostalgia
la dicha que se alejaba.

La dicha que le robaron
la anhelaba, la anhelaba,
para sentirse dichosa
entre los seres que amaba.

Los seres que tanto quiso
la olvidaban, la olvidaban,
y se alejaban de ella
y el amor se lo negaban.
El amor tan sacrosanto
que llamaba, que llamaba,
no respondía a sus ruegos
y sus puertas le cerraba.

Las puertas del corazón
le cerraban, le cerraban,
aquellos hijos queridos,
pedazos de sus entrañas.

De pequeños los quería
los mimaba, los mimaba,
luego después de crecidos
de su lado desertaban.

De su lado uno a uno
se alejaban, se alejaban,
dejándola sola y triste
en la casa desolada.

La casa que en otros tiempos
se alegraba, se alegraba,
con las voces y las risas
de sus hijos que adoraba.

Hijos de mil esperanzas,
le brindaban, le brindaban,
forjándose su alma noble
de ilusiones que añoraba.

Ilusiones que marchitas
se esfumaban, se esfumaban,
destrozándole inclemente
la vida que deslizaba.

Vida que ansiaba por ellos
la arrastraba, la arrastraba,
como una enorme cadena
que a la vejez la llevaba.

Vejez tranquila y risueña
deseaba, deseaba,
pero al correr los años
la vejez le amedrentaba.

La vejez es la agonía
que aniquila, que aniquila,
a las madres olvidadas,
a las tiernas viejecitas.

Así la triste ancianita
suspiraba, suspiraba,
allá en su humilde casita
que tanto la consolaba.

La casita limpia y fresca
conservaba, conservaba,
para el retorno anhelado
de los hijos que esperaba.

Hijos que al fin de los años
retornaban, retornaban,
llenos de melancolía,
tristes y sin esperanzas.

Olvidábanse de ella
y buscaban y buscaban,
otros amores y triunfos
que el mundo les deparaba.

Pero ese Dios justiciero
castigaba, castigaba,
el abandono y olvido
de su madre venerada.

Cuando agotaron sus fuerzas
suspiraban, suspiraban,
por aquel hogar querido
que tanto amor les brindara.

Cuando el vicio y la maldad
acechaban, acechaban,
huyeron despavoridos
en pos de la buena anciana.

Allí en aquel rinconcito
consagraba, consagraba,
sus más fervientes plegarias
al Dios que la confortaba.

Ese Dios que le dio fuerzas
le premiaba, le premiaba,
devolviéndole a sus hijos,
pedazos de sus entrañas.

Todos como imanados
se acercaban, se acercaban,
y estampaban tiernos besos
en la frente de la anciana.

Eran como una guirnalda
de rosas que deshojaban,
para ungir como a una diosa
a su madre venerada.

La tarde caía apacible,
felices acariciaban
la cabeza ya cubierta
con níveos hilos de plata,
que eran como una cascada
sobre la nuca encorvada
de la madrecita buena,
de la ancianita adorada.

El relato de la abuela

¡Cómo recuerdo la tarde
en que la buena ancianita
recostada en su butaca
a sus nietos complacía!

Las cuentas de su rosario
sus manos acariciaban
y al acercarse sus nietos
de su cuello lo colgaba.

Sus nietos como querubes
acariciaban a la anciana
y la colmaban de dichas
con sus mohines y charlas.

Charlas cargadas de encanto,
de inocencia, cual sus almas,
almas albas, como lirios,
puras…como las auras.

Se han acurrucado todos
alrededor de la anciana
y esperaban alborozadas
el comienzo de la trama.

"¡Abuelita…!,
¿qué le sucedió a la niña
mientras era prisionera
de los lobos en la cueva?"

"Pues ahora escucharán
cómo escapó de la cueva,
donde estaba prisionera
la bellísima chicuela.

Saben que la dulce niña
salió en busca de azucenas,
por la florida campiña
para su mamita buena.

Su madrecita adorada
se había ido para siempre,
por ese sendero largo
que el que se va, nunca vuelve.
Por eso bien de mañana
salió la niña buena,
por la florida campiña
a recoger azucenas.

Azucenas, blancas suaves,
la llevarían al cementerio,
a su madrecita buena
como flores del recuerdo.

Mientras recoge afanosa
las azucenas del prado,
siente que se acerca a ella
algo extraño, algo muy raro.

De pronto mira la niña
y ve un animal feroz
y huye despavorida
en carrera muy veloz.

Con ella lleva las flores
que ha cogido con afán
y busca un sitio propicio
donde poderse ocultar.

A lo lejos, ve una cueva
y hacia ella se encamina
y no ha notado que en ella
hay cachorros que dormitan.

Se sienta y entre sus manos
aprieta con vehemencia
el ramillete de flores
embriagantes por su esencia.

Poco a poco suave aroma
va llenando aquel recinto
y algo místico y divino
se apodera de aquel sitio.

De pronto alguien penetra
y a los cachorros se acerca,
y no intenta despertarlos,
y se vuelve hacia la puerta.

Con la esencia de las flores
no ha percibido de cerca
el olor a carne humana
para sus hijos, la presa.

La niña en su escondite
reza a su madre muerta
y a la Virgen de los Lirios
que la acompañe y proteja.

Poco a poco va cerrando
sus ojos la feroz bestia
y exánime cae su cuerpo
embargado por la esencia.

Al ver caer a la fiera
la niña exhala un suspiro
y da gracias al Dios santo
por todo lo sucedido.

Con las flores bien asidas
sin hacer ruido se aleja
la niña de aquella cueva
que una madre loba alberga.

Corre, corre presurosa,
con sus blancas azucenas,
dejando tras su perfume
que embalsama la pradera.

Sin saber como penetra
al cementerio sombrío
y se acerca hasta la tumba
sin aliento y sin bríos".

"¡Madre! ¡Madrecita mía!,
madrecita noble y buena,
acoge con mi cariño
estas blancas azucenas.

Hoy me siento muy dichosa
porque me protegieron
tú y la Virgen de los Lirios,
que me oyeron desde el cielo.

Prometo, mamita dulce,
mamita querida y buena,
rezarle siempre a la virgen
y a ti, brindarte azucenas".

"Pasaron algunos días
y no se veía la niña
correr por el verde prado,
ni por la alegre campiña".

"¡Abuelita!,
¿qué le sucedió a la niña?,
¿por qué ya no recogía
las flores en la campiña?"

"Pues sabrán, queridos nietos,
que la graciosa chicuela
hizo en su casa un jardín
de rosas y azucenas.

Por la mañana temprano
sembraba las tiernas plantas
y de tarde, de regreso
de la escuela, las regaba.

Así crecieron las rosas
perfumadas y lozanas
y la niña parecía
entre las rosas, un hada.

Abrían las azucenas,
las rosas se despertaban
y la niña como un ángel
feliz las acariciaba".

"Estas rosas para ti,
Virgencita de mi alma,
y estas albas azucenas
para ti, madre adorada".

"Así decía la niña
mientras cortaba las flores,
símbolo de su pureza,
de sus virtudes y amores.

De ese modo, nietos míos,
la niña creció entre flores,
como un hada prisionera,
prisionera entre las flores".

Cuando terminó el relato
la viejecita adorada,
sus nietecitos queridos
a preguntas la increpaban.

"Hasta mañana, abuelita,
¿nos harás otro mañana,
que sea de un príncipe azul
o de una hermosa hada?"

Luego la noble ancianita
con la sonrisa en los labios
desgranaba una a una
las cuentas de su rosario.

3 de mayo de 1951

Un ángel más

A la memoria de un buen niño.

En este luctuoso día
de infausta recordación,
te brindamos muchas flores
y una sentida oración.

Flores bañadas de llanto
salido del corazón,
ante tu triste partida
te ofrendamos con dolor.

Te fuiste una mañana
bañada de luz solar
a las esferas celestes
donde serás un ángel más.

En el cielo brillará
hoy un hermoso lucero
que llene de claridad,
de tus padres el sendero.

Creamos que desde el cielo
nuestra voz escucharás
y, cual quejido de arpa,
a tu alma llegará.

Siempre serás de esta escuela
como de esta comunidad
recordada tu memoria
como de un niño ejemplar.

Recibe en estas estrofas
el cariño más sentido
de tus maestros, amigos
y tus seres más queridos.

Te sentirás muy dichoso
en la esfera sideral
donde no existe la angustia
y se desconoce el mal.
Dios te corona de gloria
en la mansión celestial
donde serás un lucero
y serás un ángel más.

Fue dedicado al joven Milton del Valle,
compañero de escuela elemental de su hijo Manuel,
quien falleciera ahogado en un río durante un pasadía.

El lazarillo

Angustiado por la pena
de no poder encontrar
un mendrugo de pan duro
para su hambre saciar,
se oye de puerta en puerta
un lazarillo implorar.

Junto a él va un pobre ciego
encorvado en su bastón,
que lo sostiene y lo lleva
de una a otra dirección,
implorando una limosna,
inspirando compasión.

Unos le dan la limosna,
otros le dan duro pan
y otros insolentes gritan:
"¡no hay dinero para dar!",
olvidando que es tan noble
practicar la caridad.

Cansados y sudorosos
hasta el humilde bohío
donde llegan taciturnos
sin alientos y sin bríos.

El humilde lazarillo
prepara la pobre cena,
con pan duro, alguna fruta
y un poco de miel de abeja,

que conserva bien guardada,
que extrajo de una colmena.

Luego el dócil lazarillo
pide al cieguito que cuente
una historia de princesas
de gigantes o de duendes,
para quedarse dormido
muy feliz y sonriente.

Tendidos sobre la paja
del bohío en un rincón,
descansan aquellos seres
unidos por el amor,
que viven y son felices
confiando solo en Dios.

Cristóbal Colón

Hoy esta tierra hermosa
bañada por el sol
celebra jubilosa
el día de Colón.

Los niños de Borinquen
recuerdan con amor
al glorioso marino,
¡oh, intrépido Colón!

¡Oh, Cristóbal Colón!,
yo te amo por siempre, Colón
yo te venero
y te llevo en mi corazón,
¡oh, Cristóbal Colón!
Dios te colme de gloria
en el cielo
y nuestras flores
de esta tierra
te brindaremos.

El limpiabotas

Limpiabotas, limpiabotas,
dale brillo a mis zapatos
que me queden bien bonitos,
que me dé gusto mirarlos.

Limpiabotas dale brillo
con el paño y el betún,
que me queden como nuevos,
como solo lo haces tú.

Limpiabotas, ¡qué contenta,
se va sentir mamá!,
cuando use mis zapatos
para con ellos pasear.

Visitaremos el parque,
al cine me llevará
y luciré mis zapatos
que tan bonitos están.

Gracias, gracias limpiabotas
por brillarme los zapatos,
me han quedado como nuevos
me has cobrado muy barato.

Los chivitos porfiados

Pastorcito, ¿por qué lloras?
¿Por qué estás tan disgustado,
es que acaso estos chivos
son de veras tan porfiados?

Tú lo has dicho, buena abeja,
ellos no quieren marchar,
estoy cansado de echarlos
y la noche va a llegar.

¡Alégrate pastorcito!,
toca tu flauta y verás
como correrán a prisa
los chivos a su corral.

El zagal tocó su flauta
y el ganado se alejó,
pero fue porque la abeja
al chivo grande picó.

En una de sus orejas
fuerte picada sintió
y corrió hacia el establo
y el otro ganado en pos.

De este modo tan sencillo
la astuta abeja ayudó,
al humilde pastorcito
hacer correr los chivitos,
antes de ocultarse el sol.

La reina pastora

Cuéntase que un rey
quería a una pastora
y salió a buscarla
por llanos y lomas.

¿Quién le dijo al rey
de aquella pastora
que sin conocerla
la ama y la adora?

Él nunca la ha visto
pero le han contado
que es hermosa y pura,
blanca como un nardo.

Que bien de mañana
coge su ganado
y amorosa y tierna
lo lleva hasta el prado.

Las tiernas ovejas
son sus compañeras,
no tiene hermanitos,
solo tiene abuela.

La abuela está ciega
y no tiene a nadie
que la cuide y la mime,
que cuide su valle.

Por eso la niña
cuida su ganado
y aquel valle verde
donde se ha criado.

Cuando de regreso
por la tarde llega
da un beso en la frente
de la anciana ciega.

Le prepara cena,
le arregla la cama
y luego se sienta
al pie de la anciana.

"¡Abuelita mía!
¡Abuelita santa!
¿Con quién viviré
si algún día me faltas?"

"No te desesperes
nietecita amada,
he pedido a Dios
que si yo faltara
viniera un buen mozo
que te desposara".

Ten valor y espera
que quizá mañana
abrirá en tu vida
una flor temprana".

La niña la escucha,
la escucha con ansias
y espera que brote
esa flor lozana.

Pasan días y días,
también las semanas
y en la primavera
nace una mañana.

Mañana de encantos
para la pastora
que llega a sus puertas
alguien que la adora.

La niña asustada
corre hasta su abuela
y le dice: "un ángel
está a nuestra puerta".

"No es un ángel, niña,
contémplalo bien
y verás que luce
corona en su sien".

La niña se vuelve
hacia aquel extraño
y él embelesado
le estrecha la mano.

"¿Qué tienes preciosa?
¿Por qué no me mandas
a entrar en tu casa
a ver a esa anciana?"

"Mi abuelita es ciega,
nunca podrá verle,
está muy enferma,
quizá pronto muere".

Dígame, por Dios,
¿qué es lo que quiere,
de esta humilde choza
que de lejos viene?"

"Deja que te mire,
deja que te robe
fulgor a tus ojos
obscuros, cual noche".

La niña quedó
muda, confundida
ante la mirada
del rey que la admira.

"Oye, niña hermosa,
oye, niña casta,
a verte he venido
en esta mañana".

Quiero que tú seas
la reina y señora,
allá en mi palacio,
¡niña soñadora!"

¿Por qué no me miras,
por qué no me hablas?
¿Es que no has oído
mis tiernas palabras?"

La niña le escucha,
pero no contesta,
presagia que pronto
partirá su abuela.

Partirá muy lejos
porque ese Dios santo
en esa mañana
le ha obrado el milagro.

Marchará feliz
a la gloria eterna
dejando a su nieta
feliz y contenta.

De pronto la niña
penetra en la alcoba
y un grito se escapa
que dolor provoca.

Allí ve a su abuela
con una sonrisa
en sus labios dulces
como una caricia.

No mueve los ojos,
no busca las manos
de la triste niña
que la llama en vano.

"¡Abuelita buena!
¡Abuelita santa!
Déjame que llore
tu partida extraña".

El rey la contempla
con dolor profundo
y exhala un suspiro
y sale confuso.

"¿Dónde está la niña
que ha ido a buscar
rosas, muchas rosas
de un lindo rosal?"

La buena ancianita
no se ve ya más,
está sepultada
bajo de un rosal.

Y las ovejitas,
¿quién las cuidará?
Todas una a una
feliz seguirán
a su linda damita
al palacio real.

Tendrán un establo
y allí pastarán
sin temor que alguien
les pueda robar.

Pronto fue la niña
una reina hermosa
llena de virtudes
buena, generosa.

Pasaron los días,
pasaron los años
y al cabo de ellos
dos niños llegaron.

El rey complacido
jugaba con ellos
y la madre tierna
los cubría de besos.

Vivieron felices
todos en palacio,
mas la hermosa reina
no olvidó el milagro.

La mañana bella
de una aurora eterna
que la convirtieron
de pastora en reina.

Regalo de un niño

Angelito blanco,
angelito bueno,
llévame contigo
camino del cielo.

¿Por qué niñito
quieres ir al cielo?
Para ver la Virgen,
para oír sus rezos.

Para yo pedirle
sus sanos consejos,
porque quiero ser
un niñito bueno.

Si es ese tu empeño
pronto caminemos
en pos del camino
directo hasta el cielo.

Cuando a sus puertas
felices lleguemos,
ruégale a la Virgen
con amor inmenso,
que estampe en tu frente
la huella de un beso
cargado de esencias,
de mirra e incienso.
Que tu alma perfume
haciéndote bueno.

Gracias ángel blanco,
gracias ángel bueno,
las gracias te doy
porque, aunque en sueños,
podré ver la Virgen
y ella darme un beso.

Madre campesina

Madre campesina
que allá en la loma
arrullas tus hijos
como las palomas.

Madre campesina
que allá en tu bohío
cantas tus pesares
al compás del río.

Madre campesina
que allá en la montaña
enseñas tus hijos
a amar tu cabaña.

Madre campesina
allá en tus faenas
cultivas la tierra
y olvidas tus penas.

Madre campesina
abnegada y buena.

El tambor mágico

ESTABA un ratoncito
cerca de su cuevita
alegre olfateando
una golosinita.

De pronto oyó un sonido
que llamó su atención
y corrió presuroso
a buscar un rincón.

Aquel ruidito extraño
le causó admiración
y muy alegremente
salió bailando un son.

¡Qué bien daba los pasos
el gracioso ratón,
al compás de los ritmos
de un mágico tambor!

Ya no pensó en el queso,
ni tampoco en el jamón,
ansiaba una ratita
para bailar el son.

Salió muy presuroso
a buscar compañera
para seguir bailando
con gracia verdadera.

En la cueva de un árbol
encontró a una ratita
que solita esperaba
su agradable visita.

Al compás misterioso
del mágico tambor
bailaban jubilosos
la rata y el ratón.

¡Qué felices bailaban
al compás de aquel son
los lindos ratoncitos
en el amplio salón!
Después de muchas horas
de bailar y bailar
la cansada pareja
se sentó a descansar.

Se sentaron muy cerca
del mágico tambor
donde estaba muy quedo
un gato cazador.

¡Gracias mis ratoncitos
por su arte al bailar
y el sabroso bocado
que pronto me darán!

Los tiernos ratoncitos
no escucharon la voz
del muy astuto gato
dueño de aquel tambor.

Satisfecho y gustoso
el gato cazador,
salió muy complacido
del obscuro rincón,
donde tenía escondido
su mágico tambor.

El caballo Salvavidas

En un país muy lejano
vivía un joven pescador,
dueño de hermoso caballo,
valeroso y corredor.

Temprano por las mañanas
paseaban por la playa
para que no le temiere
ni a las olas, ni a las aguas.

De este modo el buen caballo
se acostumbró a escuchar
las furiosas marejadas
y el rugido de la mar.

Daba gusto ver montado
al joven en su corcel
dominante, valeroso,
sonriente de placer.

Cierto tempestuoso día
un bergantín se encalló,
sin poder llegar a tiempo
al puerto de salvación.

Todos miraban ansiosos
la nave que perecía
contra las gigantes rocas
entre las olas bravías.

De pronto apareció el joven
en su brioso animal
y se lanzó valeroso
al enfurecido mar.

Caballo y jinete fueron
de las olas el juguete
pero intrépidos llegaron
a salvar aquella gente.

Volvieron una y otra vez
del bergantín a la playa
combatiendo con el viento
y las olas, cual montañas.

Luego de haber rescatado
aquella tripulación
fueron ambos vitoreados
por su heroica actuación.

Le llamaban Salvavidas
al intrépido animal
por rescatar con su dueño
náufragos de un temporal.

El caballo Salvavidas
y su intrépido jinete
fueron siempre muy queridos
por su heroico valor.

El caballo Salvavidas
y su intrépido jinete
por siempre son recordados
de aquella sencilla gente.

Todavía algún anciano
cuenta con gracia y ardor
la historia de Salvavidas
y el valiente pescador.

Juan Bobo

¡Pobre Juan Bobo!
¿Qué le ha pasado
que tiene cara
de disgustado?

Es que mi madre
me dio un castigo
por aquietarle
a sus pollitos.

Porque a la iglesia
mandé a la puerca
con su vestido
y joyas puestas.

Y a mi hermanito
le curé yo
en la cabeza
grande tumor.

¿Todo eso hiciste?
Pobre Juan Bobo,
cada día eres
bobo y más bobo.

Por eso sufro,
por eso lloro,
porque me dicen
siempre Juan Bobo.

Los Reyes Magos

¡Vienen los tres Reyes!
¡Vienen tan cargados!
de lindos juguetes
para regalarlos
a los niños buenos
que bien se han portado.

En grandes camellos
llegan de muy lejos,
¡con tantos juguetes
que da gusto verlos!

Traen trompos, tambores,
rifles y escopetas,
trompetas y bolas,
muñecas muy bellas.

Los niños y niñas
se sientan alegres
al ver los juguetes
que les traen los reyes.

Son tan generosos
estos reyes magos
que todos los niños
debemos amarlos.

La Navidad en el bosque

Personajes:

-Tarzán
-Quetzal
-Rizos de Oro
-Caperucita Roja
-Blanca Nieves
-Robinson Crusoe
-El Negrito Sambú

Aparece Quetzal, el indiecito

Dice así:

Soy Quetzal el indiecito
habito por estos bosques
yo combato con las fieras
pero le temo a los hombres.

En este día se celebra
el nacimiento de Aquél,
que naciera en un pesebre
en el portal de Belén.

Quisiera con esta flecha
una estrella arrancar
de este cielo tan hermoso
para con ella alumbrar
la faz del hermoso niño
que adorar quiere Quetzal.

Rizos de Oro

Soy Rizos de Oro
y le vengo huyendo
a tres grandes osos
que ahí vienen corriendo.

Les tomé la sopa,
su silla rompí
y en su blanda cama
un sueño dormí.

Sentí pasos fuertes,
gruñidos oí
y por una ventana
de prisa salí.

Es la Noche Buena
y quiero regresar
temprano a mi casa
para celebrar esta grata fiesta
en mi dulce hogar.

El negrito Sambú

Soy el negrito Sambú,
salí a dar un paseíto
con mi sombrilla y chinelas
que me trajo mi papito.

Los tigres me persiguieron
porque no les quise dar
ni sombrillas, ni chinelas
que me trajo mi papá.

En esta selva perdida,
¿quién me quiere acompañar
a cantar himnos de gloria
porque hoy es Navidad?

Caperucita Roja

Ando sola por el bosque,
voy a ver a mi abuelita,
está enferma y yo le llevo
merienda en una cestita.

Está tan sola abuelita,
con ella voy a pasar
esta feliz Noche Buena
cantando himnos de paz,
porque ha nacido el Dios Niño
en un humilde pajar.

Robinson Crusoe

Soy Robinson Crusoe,
vivo en este bosque
sin tener amigos,
sin ver nunca a un hombre
que quiera ayudarme
a salir del bosque.

En este gran día
quiero celebrar
con mucha alegría
feliz Navidad.

Blanca Nieves

Soy Blanca Nieves la niña
que en el bosque se escondió
huyéndole a una madrastra
que no tenía corazón.

Los enanos me han cuidado
como lo haría una madre,
pero mi mala madrastra
me persigue en todas partes.

Hoy se celebra en el mundo
con mucha felicidad
el nacimiento de Cristo,
Rey de la humanidad.

Quisiera yo en esta selva
un alma buena encontrar
para adorar a Jesús
por toda la eternidad.

Todos

Necesitamos un jefe
que nos ampare y defienda
pues solos en este bosque
nos devorarán las fieras.

Necesitamos unidos
celebrar la Navidad,
elevando nuestras preces
a ese Padre Celestial,
que proteja nuestras vidas
en esta inmensa soledad.

Tarzán
(se oye un ruido y un grito atronador)

Soy Tarzán, el invencible,
el Rey de esta grande selva
soy el castigo del malo
del débil soy la defensa.

Con mi brazo yo castigo
al hombre cruel y tirano
y con mi flecha y cuchillo
hago justicia al anciano.

A las mujeres y niños
huérfanos sin amparo
les trato con gran cariño
y les protege mi mano.

Venid todos jubilosos
que estamos en Navidad
a celebrar Noche Buena
y al Dios del cielo adorar.

En medio de esta gran selva
formaremos un pajar,
donde descanse el Dios Niño
iluminada su faz,
por una radiante estrella
que el cielo nos brindará.

Cantemos himnos gloriosos
adorando al Niño Dios
celebrando Noche Buena
unidos por el amor.

Coro

Viva Noche Buena,
viva Navidad
que trae a los mortales
alegría y paz.

Brindemos alegres
en este gran día
por el hijo amado
de José y María.

Es la Noche Buena,
noche de adorar
al niño que humilde
nació en un pajar.

Queremos al Niño
poder regalar
incienso, oro, y mirra
en la Navidad.

Dios guarde este bosque
donde celebramos
feliz Noche Buena
cantando aguinaldos.

Dios bendiga el ángel
que anunció a María
que feliz la pascua
ella pasaría.

La visita a Comai Tana

Doña Tana: ¡Comai Pancha! ¿usté no sabe
          que me van a vesital
          los maestros de la escuela
          con la Mise precipal?

Doña Pancha: ¡Caramba, mi comai Tana,
          qué mucho van a gozal!,
          en su casa las maestras
          juntas con la Prencipal.

Doña Tana: Dicen que va Mise Coltijo
          con varias de sus maestras
          a vesital pol las Palmas
          y también pol la Cantera.

Doña Pancha: De seguro usted tendrá
          que hebelitar su convite
          donde volaos con tostones
          jasta molcillas con pique.

Doña Tana: Poes seguro que yo tiro
          las pueltas pol las ventanas,
          poes no quiero que ellas digan,
          ¡qué tacaña es Doña Tana!

Doña Tana: Le vo a hacel mofongo criollo,
          también un lechón asao,
          pasteles bien picantitos
          y un sabrosito asopado.

Doña Pancha: Creo que las tichels toas
                les gusta la gandinguita,
                poes con malangas flacones
                lleénales una dita.

Doña Tana: Les vo a tenel una paila
              de lechosa con canela
              ligao con leche de coco
              de lo que ajuma de vera.

Doña Pancha: Poes Comai, eso va estal
               rete que bueno y ma,
               sino vo a venil a ayudal.

Doña Tana: Les voy a tenel guindá
              una jamaca e maguey
              de un jiguero y un guamá
              que dan sombra en mi batey.

Doña Tana: Que se mezan a su gusto
             jasta que venga el mai fresco
             y canten to lo que quieran
             que pa' ellas es lo que tengo.

Doña Pancha: Asina mesmo comai,
               ¡más que eso se merecen,
               se gasta si hay que gastal,
               poes eso no es tó los meses.

Doña Tana: Cuento con usté comi
             paque me jaga quedal
             bien con toas las maestras
             y la mise Prencipal.

Doña Pancha: ¡Claro que sí, comai Tana!,
aunque tenga que jasel
usté un grande sacrificio,
¡no lo deje de jasel!,
polque el trabajo del maestro,
¡nunca se le paga bien!

Doña Tana: Comai, dígale a Cipriana
que se endilgue un aguinaldo,
acelca e la navidá
pa' que cante con Rumaldo.

Doña Tana: Que venga mi compai Tello
a tocal el seis chorreao
pa que bailen las maestras
en mi propio soberao.

Doña Pancha: Que pasen el día gozando
en casa de esta mujel,
que naita sabe de letra
pero le gusta atendel
a toítas las maestras,
las que enseñan a leel
a los probes jibaritos,
pa' que se puedan defendel.

Doña Pancha: Descuide usté, comai Tana
que dende el amanecel
le voy ayudal en toíto
lo que sea menestel
donde pícale la leña
jasta barrrele el batey,
pa' que cumpla con su gente
como lo manda la ley.

Estampas y recuerdos

Patillas

Patillas, Patillas,
nunca te podré olvidar,
porque prendada yo llevo
mi memoria en tu palmar.

En tus montañas gloriosas,
en tu verde cafetal,
en tus praderas hermosas
se columpia el platanal.

En tus veredas y vados
se pasean mis ensueños
de cuando niña jugaba
con grandes y pequeños.

Las esmeraldas del monte
se confunden en el cielo
allá lejos en el confín
donde llegan mis anhelos.

Anhelos de verte liberada
de aquel yugo opresor,
que una vez pisara el suelo
que halló Cristóbal Colón.

Pero algún día vendrá
en que serás libertada
y serás iluminada
por una estrella fugaz,
que se prenderá en el cielo,
¡cual símbolo de libertad!

Soñando

Anoche los angelitos
me dijeron en sueño
que pronto llegan los Reyes
montados en sus camellos.

Que traerán muchos juguetes
a todos los niños buenos
que obedezcan a sus padres
y respeten sus maestros.

Quiero que venga la noche
para volver a soñar
con los camellos cargados
que muy cerca vienen ya.

Obedezco a mis papitos
a mis maestros también
por eso los Reyes Magos
juguetes me van a traer.

A la playa

Vamos a la playa,
vamos a jugar
con los caracoles
y arena del mar.

Con los caracoles
y las almejitas
formamos barquitos
y lindas olitas.

En nuestros barquitos
vamos a pasear
mecidos por la brisa
que sopla del mar.

Iremos en busca
de conchas y perlas
para regalarlas
a nuestra maestra.

¡Qué feliz y alegre!
ella se pondrá,
al ver el regalo
que le brinda el mar.

Caricia de sol

Me encanta escuchar
desde mi ventana
las dulces canciones
que bien de mañana
entonan las aves
a la luz temprana
del sol que les brinda
su caricia sana.

¡Mira qué preciosos!
en el alto cielo
luce el arco iris
sus colores bellos.

Me gusta escuchar el radio
por la música y noticias,
por los concursos y ofertas
que a todo el mundo le brinda.

Mi regalo de Pascuas

Tengo una gallina
con nueve pollitos,
me la dio en la Pascua
mi buen abuelito.

Su plumaje es bello,
tiene hermosa cresta
que airosa le luce
como una princesa.

Ella pone huevos
y saca pollitos
de color obscuro,
pintos y blanquitos.

Comen maíz picado,
también gusanitos
y escarban la tierra
buscando granitos.

¡Cómo me divierto!
con estos pollitos
que nunca están quietos
ni un solo ratito.

Mi buena gallina
cuida sus pollitos,
¡da gusto mirarla
mimar sus hijitos!

Estoy muy contento
porque mi abuelito
me dio esta gallina
que me da pollitos.

Arrullo maternal

Yo no quiero luna buena
que mi niño se despierte,
arrúllalo, luna buena,
suavemente mientras duerme.

Virgencita de Los Lirios
acaríciale su frente,
dulcemente virgencita,
tiernamente mientras duerme.

Hadas que allá en los jardines
cultivan flores hermosas
perfumen mi tierno niño
con aroma de las rosas.

Angelito de los cielos
de voz dulce y faz risueña
mezan la cuna del niño
bien despacio, bien serena.

Aurora de la mañana
con fulgores de arrebol,
despierta a mi niño amado
como si fuera una flor.

Abre tus bellos ojitos
dame tu linda sonrisa
ya que la luna se ha ido
junto con la virgencita.

También se fueron las hadas,
mas detrás los angelitos,
todos velaron tu sueño
mi niño, mi lucerito.

Mi cumpleaños

Queridos amigos,
hoy es mi cumpleaños
y a todos los invito
a pasar un buen rato.

Hoy se cumplen nueve años
en que vi la luz del día
y con todos los presentes
gozo de tanta alegría.

Vivan mi escuela querida
mis papás, mis hermanitos,
mi maestra y principal,
también todos los niñitos
que hacen de mi cumpleaños
un festival tan bonito.

A Marilú en su cumpleaños

Bella Marilú,
te felicitamos
con mucha alegría
en tu cumpleaños.

Que pases tu día
alegre y feliz
con tus amiguitos
que estamos aquí.

Esta fiestecita
será para ti
un recuerdo grato
que te hará feliz.

Hoy los corazones
palpitan por ti,
deseando todos
que pases aquí
este grato día
contenta y feliz.

Danos tu sonrisa,
bríndanos cariño
y te daremos flores
de colores vivos.

Goza con tus padres
en tu cumpleaños,
que Dios te conserve
muchos largos años.

Recuerda por siempre
tu buena maestra
que ha sido en tu vida
fulgor de una estrella.

Recibe gozosa
en tu cumpleaños
todas las sonrisas
de los tiernos labios
de tus amiguitos
que tanto te amamos.

Poema a Marilú

Tiernas gotas de rocío
se escapan entre las flores,
formando collar de perlas,
embriagando con olores
que embalsaman las paredes
al brindarle sus amores.

Esas flores y esas perlas
son para ti Marilú,
para lucir en tu día
tu belleza y juventud.

Sus pétalos, niña mía,
caerán a tus lindos pies,
formando preciosa alfombra
en tu día, ¡qué placer!

Que las flores y las perlas
y el perfume y el rocío,
sean testigos de tu dicha
en tu día, ángel mío.

Dios les colme con su gracia
a estos buenos compañeros,
que me prodigan alegres
sus cariños verdaderos.

Me siento muy feliz hoy
con mi maestra y amigos,
celebrando esta gran fiesta
con mis papitos queridos.

Estoy tan emocionada
que solo puedo brindarles
este tierno corazón
que tan alegre hoy late
rebosante de alegría
para las gracias hoy darles.

Halloween – Halloween

Halloween – Halloween
¡qué divertido eres!
con tus brujas y enanos
gatos negros y duendes.

Es la noche de brujas
en escobas montadas
y de gatos muy negros
y búhos en las ramas.

Es noche de misterios
de duendes y de hadas
cuando las brujas salen
y se ven calabazas
con misteriosas luces
bailar trágicas danzas.

Quisiera en esta noche
poder seguir las hadas
por los grandes sembrados
de hermosas calabazas.

Poder mirar las brujas
y seguirle sus pasos
con los duendes y enanos
con los búhos y gatos.

Escuchar lo que hablan
en su lenguaje extraño
y contar a los niños
de este aseo tan raro.

Ilusión matinal
Mensaje al sol

Los pájaros entonan
sus bellas melodías
cuando el sol les saluda
al despuntar el día.

Se oye batir de alas
en sus pequeños nidos
que, cual capullos frágiles,
son del aire mecidos.

Entonan sus conciertos
a la hermosa natura
que, cual doncella cándida,
sonríe con dulzura.

Contemplan la mañana
cargada de perfume
que, cual corola mágica,
luz y aroma resume.

Las tiernas avecillas
henchidas de emoción
cual sílfides ligeras
van tras de una ilusión.

Ilusión inspirada
en el áureo fulgor
de los destellos fúlgidos,
de los rayos del sol.

Quieren volar muy alto
hasta llegar al sol
y, cual sonata mística,
entonar su canción.

Canción llena de encanto,
de ternura y amor,
es el mensaje cálido
a ese radiante sol.

A mi madre

Eres madre idolatrada
el amor de mis amores
y en el jardín de mi vida
suave aroma de mis flores.

¡Oh, mi madrecita buena!
¡Oh, mi madrecita santa!
Por ti mi espíritu sueña,
por ti mi corazón canta.

Tú eres la más hermosa
entre todas las mujeres,
tus labios, cual dos claveles,
perfuman el ama mía.
Dios te guarde en este día
porque bendita tú eres.

Cuando me miran tus ojos
llenos de amor y ternura,
miro en ellos los destellos
escapados de la luna.

Son tus labios tan suaves
como pétalos de rosa,
que acarician y perfuman
mi alba frente candorosa.

Tú encendiste en mí la llama
del amor más sacrosanto
y regaste mi sendero
con las perlas de tu llanto.

Esa llama es tu imagen
consagrada en un altar
y esas perlas tus consejos
como eterno madrigal.

Es tu voz el lenitivo
de todas mis amarguras,
cuando hablas mi alma evoca
sacro raudal de agua pura.

Tú me enseñaste a querer,
tú me enseñaste a adorar
a mi prójimo querer
y al Dios del cielo adorar.

Dios te salve, oh madre buena,
Dios te salve, oh madre santa,
escucha con devoción
estos versos que te canta
llenos de amor y ternura
el hijo de tus entrañas.

Mata de clavellina

Charlas, risas, carcajadas,
se oyen desde la colina
donde crece muy lozana
la mata de clavellina.

Es el sitio predilecto
de los niños de la aldea,
de jugar y divertirse
en donde nadie los vea.

Allí todos se divierten,
allí todos se confunden
en armonioso conjunto
como conjunto de luces.

Algunas son sonrosadas,
otros pálidos cual cera,
una con la tez muy blanca
y otros con la piel morena.

Esta alegre caravana
de tarde se remolina,
como alegres mariposas
bajo de la clavellina.

Allí se cuentan sus chistes
celebran sus fiestecitas
todas felices y alegres
hablan, cantan y recitan.

La mata de clavellina
para ellos muy querida,
la contemplan desde lejos
como a una diosa dormida.

Bajo la sombra escarlata
de las flores color grana,
sueñan con sus aventuras
que las traerá el mañana.

Unos serán abogados,
otros médicos, dentistas;
éstos, buenos comerciantes;
aquellos, diestros artistas.
Así todos se disputan
un porvenir lisonjero,
fuertes en la juventud,
honorables cuando viejos.

Serán en toda la aldea
ejemplo de honor y gloria,
por sus nobles actuaciones
bendecirán sus memorias.

Así se pasan los días
hilvanando sus ensueños
bajo la sombra escarlata
del árbol de sus recuerdos.

Botón de primavera

A una quinceañera

Eres un lindo capullo
de rosa primaveral
y en tus quince primaveras
luces bella en tu rosal.

Cual hermosa gema ostentas
tu candor y lozanía,
colmando de amor y dicha
tu hogar con tu alegría.

Que seas dichosa por siempre
con tus galas hechiceras
y conserves la pureza
de tus quince primaveras.

Contemplación

Desde el alto pedestal
donde se posan mis anhelos,
contemplo con embeleso
un panorama muy bello.

Las esmeraldas del monte
se confunden con el cielo
lejos en el horizonte,
envueltas en tenue velo.

Cortina muy vaporosa
cubre el límpido cristal
del cielo claro azulado
que se retrata en el mar.

Allá en la lejanía
se contempla la laguna,
plácida, bella, dormida,
llena de efluvios de luna.

El río, cual cinta plateada,
serpentea por el valle
bañando verdes alfombras
del césped mullido y suave.

Un concierto de sonidos
se adivina en la enramada
de pajarillos cantores
que imitan ecos de arpa.

La brisa mueve las palmas
y las cimbrea sin cesar
como juncos que se mecen
con las olas del mar.

Una blanca barquilluela
se desliza suavemente
dejando tras sí una cinta
de espuma color de nieve.

Destellos multicolores
se desprenden de los valles,
de los millares de flores
que crecen por todas partes.
Casitas color grisáceo
se dibujan a lo lejos
y el sol tenue de la tarde
dora sus opacos techos.

El ganado taciturno
descansa pausadamente
observando cómo llega
la noche serenamente.

En el confín solitario
se yergue vetusta iglesia,
casis de santidad
de los que moran la aldea.

Ya se escuchan las campanas
invitando a la oración
como quejidos lejanos
que llegan al corazón.

De pronto llega la calma,
se acerca la obscuridad,
y mis ojos ya no pueden
tantas cosas contemplar.

Espero volver muy pronto
a contemplar desde lejos
este bello panorama
que une la tierra y el cielo.

Salve, oh Reina

Salve, oh Reina, gentil primavera,
salve, oh tú majestad tierna y hermosa,
a tu paso derramo como gemas
azucenas, jazmines, nardos, rosas.

Estas flores que mayo te regala
con su esplendor, fragancia y lozanía
harán lucir sus múltiples encantos
soberana de amor, luz y alegría.

Son para ti, hermosa soberana,
las más dulces y bellas melodías,
como sonata angelical y tierna
llena de amor, encanto y de poesía.

Leana I dulce nombre encierra
en cada letra ternura y lozanía,
prendiendo en nuestras vidas para amarte
tu belleza, tu candor y tu alegría.

Tus vasallos, tus buenos compañeros
irguieron para ti, tu augusto trono,
donde podrás lucir como una joya
en estuche de nácar, grana y oro.

La diadema que luces en la frente
simboliza tu talento y tu belleza,
ostentada por Venus y Minerva,
diosas eternas de la Antigua Grecia.

Ante ti, reina hermosa, nos postramos
ofrendándote amor casto y sincero,
cual las flores más bellas y fragantes
cultivadas por tus buenos compañeros.

Este reino de luz y de esperanza
colma tu corazón de bendiciones
para tus siervos que tanto te idolatran,
¡Diosa de juventud, Reina de Flores!

Que las flores más bellas de esta tierra,
y las más dulces y tiernas melodías,
sean todas para ti, Leana I.
Reina Primaveral de esta escuela mía,
recibe este mensaje tan sentido
de los tiernos y puros corazones
de los maestros, padres y estudiantes
de las aulas queridas de Quiñones.

Poema dedicado a la
Reina de Amor Sylvia I
de los Juegos Florales
de Nueva York en 1954.
Ganó Premio.

Primavera

Para un reinado de primavera, al comenzar el acto.

Arrullo de aves,
perfume de flores,
colores y destellos
de diáfanas mariposas
y pájaros cantores,
anuncian con júbilo
y hermosura
la espléndida llegada
de la primavera.
¡Primavera!
Eterna Diosa
de belleza y de poesía,
¡loada seas!

Por los astros siderales,
por los peces de los mares,
por el agua de la fuente
que retrata la blancura de los lirios
y el matiz de los montes suavemente.
¡Primavera!
¡Loada seas!

Por los cisnes
de blanquísimo plumaje,
que se mecen
en la plácida laguna
tiernamente acariciados
por los rayos argentados

de la luna.
¡Primavera!
¡Loada seas!

Por las flores
más fragantes
que tachonan
las praderas
y los valles rebosantes
de natura
que cultivan el amor
y la poesía.

Regálame una rosa

Regálame una rosa,
¡oh, Virgen Santa!,
de esas que ornan
tu divina frente,
una rosa cargada
de tu esencia,
de tu esencia de amor,
de tu amor ferviente.

Quiero que sea rosa,
¡oh, Virgen Pura!,
sea prendida en mi pecho
para siempre,
donde todos admiren
su belleza,
donde todos se embriaguen
para siempre.

Que admiren sus pétalos
de nácar,
que aspiren su perfume
delicado,
que exhalen en éxtasis
profundo
un suspiro de amor
por tu hijo amado.

¡Qué dulce es el placer
de ser dichosa!,
sintiéndose vivir

como en la gloria
y en un sueño feliz
acariciada.

Que esa rosa que anhelo,
Virgencita,
me la traigas en la noche
mientras duerma
y envuelta en áureos
resplandores quede
mi estancia
de fulgores llena.

Que su esencia
se adueñe de mí toda
y se sienta mi alma
prisionera,
de la dulce caricia
sacrosanta
de tu mirada amorosa
y tierna.

Esa rosa perfumada
y bella
guardaré con honor
y gallardía,
como emblema de virtud
y gloria
que emana de tu amor,
¡oh, Virgen mía!

Concédenos esa gracia,
¡oh, Virgencita!,
regálame una rosa
de tu frente,
envuélveme en tus áureos
resplandores,
embriágame con tu aliento
más ardiente.

Y se embriague de amor
y de consuelo,
mientras prendes en mi pecho
emocionada
esa rosa de amor
que tanto anhelo.

Y al despertar risueña
al nuevo día
buscaré en mi memoria
tu recuerdo
y besaré con ansias
esa rosa,
portadora de amor,
amor eterno.

3 de enero de 1951

Día de los difuntos

Día de los difuntos,
día de oración
por los que partieron
a la sacra mansión.

Lleguen las plegarias
al trono de Dios,
ungidos de aliento,
cargadas de amor.

Sean nuestras preces
bálsamo y consuelo
para con los que moran
con Dios en el cielo.

No se viertan lágrimas,
pues marchitarán
las hermosas rosas
de la eternidad,
que dan a las almas
su esencia de paz.

Roguemos, roguemos
que nuestra oración
suba como incienso,
con místico olor
a embriagar las almas
que nuestro señor
acoge en su seno,
ávidas de amor.

Día de los difuntos,
día de amor eterno,
que llenas las almas
de los que se fueron,
de la sacra calma
de paz y consuelo,
que como sedantes
llevan nuestros rezos.

Oremos, oremos
con gran devoción
y sean nuestras preces
cálida oración
para los difuntos
de Dios, mensajeros
que disfrutan gloria
de paz en el cielo.

Noche de Navidad
Adoración Divina

Brilla una estrella en el cielo
y en pos de ella se encaminan
aquellos magos de oriente
que sus destellos fascinan.

Áureas facetas fulguran
alumbrando el firmamento,
desprendidas como gemas
y esparcidas por el viento.

Flácida cierra la noche
su manto gélido y fino,
guardando en su augusto seno
al Niño Dios tan Divino.

Tenues rayos de la estrella
caen como lluvia divina
sobre la faz argentina,
de aquel querube que duerme
junto a su madre bendita.

Esparcida por el suelo
la paja de aquel establo,
suena como una sonata
anunciando aquel milagro.

El establo está invadido
de fulgores sacrosantos,
que centellean en la estancia,
cual pétalo de topacio.

El buey, la mula y la oveja
contemplan al Niño Dios
sonriente entre la paja
luminosa como el sol.

Los pastores conmovidos,
atraídos por la estrella,
se inclinan alborozadas
ante la imagen aquella
de la Virgen con su niño
tan amorosa y tan bella.

Mudos, absortos y quedos
en mística contemplación,
escuchaban tiernos acordes
de alabanza al Creador.

Gloria a Dios en las Alturas
y en la tierra amor y paz,
gloria al niño que ha nacido
de voz dulce y tierna faz.

Violines y ecos de arpa
se escuchan desde los cielos,
anunciando la llegada
del Dios Niño, Amor Eterno.

Desde oriente y atraído
por esa brillante estrella,
se encaminaron los magos
dejando tras sí sus tierras.

Henchidos sus corazones
de esperanzas y promesas
partieron como imanados
por el fulgor de una estrella.

La estrella que han esperado
con afán que apareciera,
aparece y los deslumbra
y ávidos van tras de ella.

Guiadas por esa estrella,
inspirados por su amor,
llegan hacia aquel establo
donde nació el Redentor.

Ricos mantos y coronas
ofrecen al tierno niño,
que plácido duerme risueño
con su carita de armiño.

Oro, incienso, mirra y joyas
depositan a los pies
del niño amoroso y tierno,
gloria y honra de Belén.

De hinojos ante el Mesías
aquellos varones sabios
musitan una plegaria
que es madrigal en sus labios.

El querube abre sus ojos
brillantes, cual las estrellas,

y les regala a los reyes
una sonrisa tan bella,
que es como una caricia
divina, amorosa y tierna.

En aquel establo humilde
se meció su augusta cuna
refulgente entre la paja,
como un jirón de la luna.

Honraba al Padre Celeste
consagrando la humildad,
virtud que ciñó su frente
con la corona triunfal.

La corona del martirio
que hizo sus sienes sangrar,
fue como una diadema
de dardos al consagrar
toda su vida a la gloria
de los hombres rescatar,
de los vicios y la ignominia,
lacras de la humanidad.

Aquella noche serena
de fausta recordación
fue recogiendo a su manto
con divina devoción.

La hermosa estrella brillaba
con fulgores de arrebol,
inundando aquel recinto
de mística ensoñación.

Las más dulces melodías
y resplandores de estrella
hicieron de aquel establo
la mansión más rica y bella,
donde se arrullaba el niño
más hermoso de la tierra.

Mientras pastores y reyes
en sacra contemplación
adoraban al Dios Niño
con arrobo y devoción,
se escuchaban desde el cielo
hosannas al Salvador.

Gloria a Dios en las alturas,
gloria al Niño, Hombre y Rey
de los cielos y la tierra,
faro eterno de su grey.

Gloria a Dios en las alturas,
gloria al Cristo Redentor.
Gloria a todos los mortales
y en la tierra, Gloria a Dios.

Se acerca la noche

Madre, se acerca la noche
y ya pronto brillarán,
las estrellas y la luna,
en su manto celestial.

Madre, se acerca la noche
y ya no se oye el trinar
del ruiseñor y la alondra
mecidos en el palmar.

Madre, se acerca la noche
y ya no se oye cantar
del alegre zagalillo
cantando en su soledad.

Madre, se acerca la noche
y ya no se oye rechinar
de la carreta cargada
camino de la ciudad.

Madre, se acerca la noche
y no se oye ya entonar
su canción dulce y melosa,
la zagala en el maizal.

Madre, se acerca la noche
y solo se oye el aullar
de los perros a la luna
y el rugido del mar.

Madre, se acerca la noche
y contigo quiero estar,
esperando que la noche
en su eterna soledad
nos arrulla en su regazo
con devoción maternal.

Aliento de juventud

Juventud puertorriqueña,
juventud grande y hermosa,
que te levantas gloriosa
para orgullo de esta tierra.

Eres viril y eres fuerte
y en tu dignidad confías
que brillará un nuevo día
para gloria de suerte.

Está tu frente nimbada
por un destello de luz,
símbolo de tu virtud
en tu alma reflejada.

De los héroes de tu patria
tienes la noble hidalguía,
por tus venas patricias
corre sangre de tres razas.

Esa fusión de tres razas
te hacen fuerte y valerosa,
inteligente y dichosa,
cual foco de luz te alzas.

A ti juventud tan noble
te han legado tus abuelos
las armas con que supieron
poner muy altos sus nombres.

Esos nombres son la luz
con que alumbras tu camino,
con la fe del peregrino
que le sustenta en la Cruz.

A tus maestros, respeta,
a tus padres, obedece,
a tu conducta resplandece,
cual diamante sus facetas.

En un ideal confía,
en el deseo de ser útil,
despreciando lo que es fútil,
siendo mejor cada día.
Ten valor ante el peligro,
ante la duda, razona,
ser justa siempre ambiciona
por tu honor y tu prestigio.

No empañes tu nívea frente
con odios ni con rencores,
lepras que a los corazones
arrastran hasta la muerte.

Préstale tu ayuda siempre
a tu hermano en el dolor,
bríndale siempre la flor
de tu amor como aliciente.

Lleva a Dios en tu conciencia,
sea su altar su corazón,
ámale con devoción
y aspírale, cual esencia.

Sea el estudio tu divisa,
el trabajo tu ambición,
llenando tu corazón
de esperanzas y sonrisas.

Juventud, busca en los libros
todo el saber que tú anhelas,
serán luminosa estela
que alumbrará tu camino.

Guarde con honor la llave
del más preciado tesoro,
más codiciado que el oro
que ya en las arcas no cabe.

Tú eres la feliz nave
que airosa sigue su rumbo,
conquistando en todo el mundo
del saber la augusta llave.

Tu inteligencia es la llave,
tu firmeza, tu decoro,
tus virtudes, tu tesoro,
son del progreso la clave.

Tu destino será gloria
de esta tierra que en ti añora,
que será siempre tu aurora
reflejada en su memoria.

Sigue adelante en tu empeño
de conquistar la victoria,
cubriendo de honor y gloria
este tu lar borinqueño.

*Publicado en el programa de aniversario del
descubrimiento de Puerto Rico
de la Sociedad Universitaria Puertorriqueña
de Santiago de Compostela
España, 1960.*

Mujer puertorriqueña

Oh mujer puertorriqueña,
oh mujer llena de gracia,
que amas la democracia
y defiendes su bandera.

De ti, Puerto Rico espera
que en esta noble cruzada
revivas la ya olvidada
tradición puertorriqueña.

Tradición noble y hermosa
consagraba la familia
y ser humilde y sencilla
honrada y muy laboriosa.

Esa laboriosidad
la llenaba de ternura,
pues hallaba en la costura
horas de felicidad.

Era feliz la ancianita
hilando allá en el rincón,
de lana o de algodón,
la madeja blanda y fina.

Era feliz la zagala
que en el seno de su hogar,
para ir a la ciudad,
cosía su traje de gala.

Feliz era la muchacha
que cosía con afán
el traje que ante el altar
con el novio iría en marcha.

Era feliz cada día,
mientras cosía sin cesar,
la ropa con que abrigar
al hijo que llegaría.

Llena de paz y alegría
esa pareja ideal
pensaba ya bautizar
al bebé que sonreía.
La abuela tejía el calzado,
la madre cosía afanosa,
la camisa primorosa
para el bautizo soñado.

Y así feliz y risueña
la familia venturosa
cultivaba muy dichosa
la tradición borinqueña.

Tradición que los abuelos
legaron con hidalguía,
para que esta patria mía
gozara en su propio suelo.

Cultivando cada día
en el seno del hogar
la industria que ha de llevar
la paz, amor y alegría.

Puerto Rico

Quiero de este terruño
una patria bendecida,
donde se consuela al que sufre
endulzándole su vida,
para que pueda disfrutar
en su tierra prometida
de paz y felicidad,
bálsamo de sus heridas.

Quiero hacer de mi Borinquen
la más consagrada tierra,
que en su tierra siempre brille,
cual el fulgor de una estrella,
esa antorcha luminosa
que despierta en las conciencias
esa vivísima llama
que el amor en Dios sustenta.

Quiero hacer de este rincón
el oasis anhelado,
cubierto de verdes palmas
por bellas fuentes bañado,
donde todos los riqueños
con voz dulce y faz risueña,
bajo su cielo estrellado
cantamos la Borinqueña.

Quiero hacer de esta mi patria
el paraíso del mundo,
donde todas las naciones

en un abrazo profundo
brinden por la democracia
la libertad y la justicia.

Gloria hacia la gloria

A la memoria de una buena niña.

Hacia la gloria va la niña,
la niña casta y bonita,
la niña llamada Gloria
hacia la gloria bendita.

Era la niña muy dulce
con una dulce sonrisa,
de mirar tierno, apacible,
alba, cual las margaritas.

¿Por qué no está con nosotros
la niña pura y bendita,
la de la mirada dulce,
la de la tierna sonrisa?

Se ha ido de nuestro lado
a la mansión celestial,
donde con otros capullos
perfumará aquel rosal.

El rosal sacro y divino
que hay en la eternidad,
para las almas tan puras
que van al Padre Celestial.

Allá en la gloria está ella
con muchos ángeles más,
formando el coro celeste,
cantando himnos de paz.

Nunca olvidemos la niña
cándida, pura y genial,
estímulo de otras niñas,
consuelo de sus papás.

De tu iglesia, de tu escuela,
vivirás en su memoria,
porque como Gloria eras
de ellas serás su gloria.

*Publicado en la revista
Puerto Rico Evangélico en 1954.
Fue dedicado a una niña vecina
llamada Gloria en su fallecimiento.*

Maternidad divina

San Gabriel… Bendita seas, oh María,
bendita seas por Aquel
que nacerá de tu vientre,
te lo anuncia San Gabriel.

Bendita seas, oh María
entre todas las mujeres,
porque la madre serás
del Mesías, Rey de reyes.

Llamado será Manuel,
su trono será en el cielo,
porque a la tierra vendrá
a hacer de los malos, buenos.

Levantará al desvalido
le dará vista a los ciegos
sanará muchos enfermos
resucitará a los muertos.

Estos milagros hará
porque es de su padre anhelo
hacer que todos los hombres
a ejemplo de Él sean buenos.

El Narrador… La Virgen oyó el mensaje
y sintió en todo su cuerpo
algo extraño que la hizo
despertar como de un sueño.

Un resplandor la envolvía
y estaba su nívea frente
nimbada por los destellos
de facetas refulgentes.

Dos perlas se escaparon
de aquellos ojos divinos
y mirando al cielo dijo:
"Señor cumplo mi destino".

La virgen…"La madre seré de Aquel
que derramará su sangre
y será crucificado
para que el hombre se salve.
Seguiré por su sendero
regando a su paso flores,
que exhalen perfumes gratos,
que mitiguen sus dolores.

De mis ojos, cual rocío,
mi llanto ha de lavar
las manchas que los malvados
sobre su rostro echarán.

Mas de sus ojos el brillo
las nieblas disipará
y envuelto en mil resplandores
irá al Padre Celestial.

Será fruto de mi vientre
el hijo de Dios, todo amor,
promesa de luz y gloria,
será el Cristo Redentor.

Cúmplase Señor en mí
tu sagrada voluntad;
llena de gozo recibo
la santa maternidad".

Día de las madres

Madre mía, en este día,
me da la gran alegría
de tenerte junto a mí,
en cambio te doy mis besos
junto con mis lindos versos
que he compuesto para ti.

Eres lo más que yo adoro,
el más hermoso tesoro
que se puede desear,
acoge mis alabanzas
con todas las esperanzas,
cual las flores de un rosal.

Eres madre bendecida,
gloria más apetecida
que aspirar puede un mortal,
para sentirse dichoso
en este día venturoso
ofrecerte su cantar.

Por eso este gran día,
día de amor y de poesía,
lo dedico todo a ti,
para cuando esté ausente
y no bese ya tu frente,
mis versos hablen por mí.

Adiós madre idolatrada,
la prenda más adorada

que en mi pecho guardaré,
será tu rostro divino,
sonriente y nacarino
que jamás olvidaré.

Nuestras banderas

Hoy flotan en Puerto Rico
dos banderas muy bonitas;
representan dos naciones
que laboran muy unidas.

La bandera americana
luce un cielo con estrellas,
simbolizan los estados
de esta generosa tierra.

Sus franjas rojas y blancas
recuerdan trece colonias
que lucharon y obtuvieron
para su pueblo, la gloria.

Nuestra bandera riqueña
ostenta con gallardía
un cielo mono estrellado,
símbolo de su hidalguía.

Sus franjas rojas y blancas
indican que Puerto Rico
vive hoy su propia vida
y labra ya su destino.

Ambas banderas hoy flotan
proclamando por igual,
entre sus conciudadanos,
democracia y libertad.

A Puerto Rico le place
ver su propia bandera
izarse majestuosa
entre las otras banderas.

Banderas de otros países,
orgullo de las naciones,
que anhelan la democracia
y la luchan con honores.

Dios bendiga estas naciones
que tan unidas están,
combatiendo con violencia,
asegurando bienestar.
Flotan unidos por siempre
estos pabellones bellos
que simbolizan la gloria,
que encarnan estos dos pueblos.

Batey dichoso

A Luis Muñoz Marín.

Hoy Patillas celebra jubiloso
la llegada de su líder más querido,
al glorioso paladín de multitudes,
a su maestro, a su mejor amigo.

Hoy es un día feliz para este pueblo
que orgulloso le proclama su maestro,
porque enseñó a esta masa noble y buena
a defender su voto, como a un cetro.

Este batey se siente muy dichoso
al estrechar en fraternal abrazo
a estos líderes dignos o incansables
que al noble luchador siguen sus pasos.

Poco a poco hemos llegado a este batey,
poco a poco pero siempre jalda arriba,
inspirados por la alzada y por la pava
gravadas para siempre en la tablita.

Recibamos anhelosos a este hombre
como al hermano y mejor amigo
que sufre con la pena del que sufre
si no puede brindarle pan y abrigo.

Bendigamos la madre sacrosanta
que tan férreo vástago nos diera
para traer la gloria a nuestro pueblo
conquistada con valor y con grandeza.

Honramos junto a él su noble esposa,
orgullo de esta tierra borinqueña,
que le brinda su esfuerzo y su ternura
y lucha junto a él por esta tierra.

Ante ti, ¡oh, mujer!, nos inclinamos
haciéndote este ruego generoso,
que alientes con tu propia vida
la vida tan preciada de tu esposo.

Somos pobres y humildes, mas tenemos
el tesoro más grande y codiciado,
nobleza, dignidad, valor y hombría
y a ti, ¡oh! Muñoz te lo brindamos.

A ti, ¡oh! Muñoz Marín en este día
te deseamos un raudal de bienandanzas,
porque has hecho brillar en este cielo
un lucero de paz y esperanza.

Que las flores más bellas de la tierra
alfombren el sendero que caminas
y te briden su aroma perfumado
sin que puedan punzarte sus espinas.

Acoge este mensaje tan humilde,
cual elocuente madrigal sonoro,
y guárdalo en tu pecho para siempre
como un sacro joyel con llave de oro.

Y aquí todos unidos, hoy brindamos
por la paz, democracia y justa ley,
pidiéndole a ese Dios que te conceda
larga vida, para dicha del batey.

Mañana de sol

Mañana de sol,
¡qué hermosa mañana!
Las flores hoy lucen
sus más bellas galas.

El sol resplandece
en valles y montes
y allá luminoso
surge el horizonte.

Mañana de sol,
¡qué alegre mañana!
Los pájaros cantan
su amor en las ramas.

La brisa columpia
las flores hermosas,
donde posan suaves
bellas mariposas.

Mañana de sol
es tu cielo azul
claro, vaporoso,
cual manto de tul.

Opaca la luna
se aleja fugaz,
porque siente miedo
del disco solar.

Mañana de sol,
un lindo lucero
va junto a la luna,
cual querube tierno.

Al mirar tan bello
este amanecer,
me siento embriagada
de inmenso placer.

Mañana de sol,
mañana que anhelo
recordarte siempre
por tu sol tan bello.

11 de abril de 1951

La primavera

Al llegar la primavera
se visten de mil colores
las praderas y los valles
cubiertos de bellas flores.

Los pintados pajaritos,
las brillantes mariposas,
liban las mieles más ricas
de las flores más hermosas.

Forman un conjunto bello
pájaros y mariposas,
empolvándose sus alas
con el polen de las rosas.

Se respira en el ambiente
un suave vapor de aroma,
que envuelve ya la pradera,
ya los valles, ya las lomas.

Al llegar la primavera
se despierta la natura,
prodigando luz y encanto
a los prados y llanuras.

Los árboles con guirnaldas
de flores multicolores
columpian los pajarillos,
que entonan cantos de amores.

La primavera es la reina
de todas las estaciones,
llena la tierra de encantos,
de amor nuestros corazones.

Nuestra alma se extasía
contemplando la belleza
que en primavera nos brinda
Dios en la naturaleza.

Mensaje a su Majestad

Musmeth I

Salve, oh reina gentil, Musmeth I.
Salve, oh tú, majestad tierna y hermosa.
A tu paso derramo como gemas,
azucenas, jazmines, nardos, rosas.

Estas flores que mayo te regala
con su esplendor, fragancia y lozanía
harán lucir tus múltiples encantos,
soberana de amor y de poesía.

Musmeth I, tu dulce nombre encierra
en cada letra ternura y lozanía,
prendiendo en nuestras vidas juveniles
tu belleza, tu candor y tu alegría.

Tu consorte, Hixem, Rey de Sevilla,
cuajó de perlas y granate ese trono,
donde podrás lucir como una joya
en estuche de nácar, grana y oro.

La diadema que luces en tu frente
simboliza tu talento y tu belleza,
ostentada por Venus y Minerva,
diosas eternas de la antigua Grecia.

Ante ti, reina hermosa, nos postramos,
ofrendándote amor casto y sincero,
cual las flores más bellas y fragantes
cultivadas por Hixem, tu compañero.

Este reino de luz y de esperanza
colme tu corazón de amor y paz
para tus siervos y real consorte,
Reina de Juventud, Reina Oriental.

Que las flores más bellas de Sevilla
regalen su perfume y lozanía,
y las joyas primorosas del Alcázar
sean tu obsequio real en este día.

Recibe este homenaje tan sentido
de tus queridas y buenas compañeras
que celebran jubilosas este día
de tu coronación, Musmeth I.

Poema para un reinado escolar

El regalo de la Virgen

Una noche bien temprano
la niña se recostó
para soñar con la Virgen
y pronto ella se durmió.

Soñó que la Virgen Santa,
envuelta en gran resplandor,
arrullaba entre sus brazos
al tierno hijo de su amor.

Eran sus ojos destellos,
cual de estrellas el fulgor,
alumbrando el cuerpo tierno
con matices de arrebol.

Era su voz tan suave,
cual de un violín el clamor,
y dulcemente el Dios niño
quedamente se durmió.

La Virgen extendió sus brazos
y musitando una oración
muestra a la niña su niño
y le dice con pasión:

"Toma mi niña preciosa,
ámalo con devoción,
llévalo siempre contigo,
guárdalo en tu corazón".

La niña tomó en sus brazos
al Niño Dios, todo amor,
y su faz resplandecía
con más destellos que el sol.

Lo trajo junto a su pecho,
lo guardó en su corazón
y despertó de su sueño
como si fuera una flor.

El collar de margaritas

Corría por los verdes prados
alborozada la niña,
la niña de ojazos dulces,
dulces como su sonrisa.

¿Por qué corría por el prado
alborozada la niña?
Porque buscaba afanosa
un collar de margaritas.

¿Quién pudo dar a la niña
tantas, tantas margaritas,
margaritas con que hiciera
su collar de margaritas?

Las recogió por el prado
mientras jugaba y reía
con las hadas, sus amigas,
que tanto a ella querían.

Del mar trajeron la concha
de nácar en que mecían
a la niña bella y tierna
para brindarle alegría.

Al vaivén de suave brisa
la niña quedó dormida
y pusieron en su cuello
un collar de margaritas.

Cuando la tarde caía
y despertaba la niña
sintió que su tierno cuello
algo frágil sostenía.

De pronto no ve las hadas,
las busca por todas partes,
y solo encuentra la luna
con la estrella de la tarde.

Emprende veloz carrera
dejando de luz tras ella
una estela luminosa
como fulgores de estrella.
Es que las margaritas
se han caído una a una
de su cuello delicado
como pedazos de luna.

Cuando no quedó ninguna
de sus margaritas bellas,
vuelve en busca de las flores
que semejan las estrellas.

Por eso en aquella tarde
la niña dulce y bonita
buscaba con ansiedad
su collar de margaritas.

Salve, oh Princesa

Dedicado a Conchita Barros, princesa de la Corte de Amor
de los Juegos Florales en N.Y. 1954

Salve oh tú, Princesa primorosa
de la Corte de Amor, lindo capullo,
que traes a nuestras almas paz y dicha
y a la España inmortal; gloria y orgullo.

Eres hermosa, angelical y pura,
cual aura rosicler de la mañana,
que engalana los bosques y praderas
con jirones de luz, Princesa amada.

La diadema que luces en tu frente
simboliza el amor y la belleza
que imprimiera a Venus y a Cupido,
augustos dioses de la eterna Grecia.

A tu paso deshojo como gemas,
azucenas, jazmines, nardos, rosas
que tapicen tu senda bendecida
y perfumen tu alma candorosa.

Que las flores más bellas te regalen
su esplendor, su perfume y lozanía
para cernir tu nacarina frente
con un halo de amor y de poesía.

Corazones cargados de cariño
rebozan de placer y de esperanza,

confiando ver en ti, oh Princesita,
una antorcha de luz, paz y bonanza.

Unidas las Américas este gran día
por un lazo cordial, fiel y sincero
ofrendamos a ti en áureo cofre
nuestra gama inmortal de amor eterno.

Que este reino de Amor, sin par Conchita,
colme tu corazón de amor sincero
para la Hispano – América que hoy te aclama
su princesa de amor, lindo lucero.

En honor a tu tierra y a la mía
pulso mi lira, angelical Conchita,
y te doy en mi verso y en mi canto
el fuego y el amor de nuestra islita.

Acoge este mensaje tan humilde,
cual elocuente madrigal sonoro,
y guárdalo en tu pecho para siempre
como en sacro joyel, con llave de oro.

*Poema premiado con el segundo lugar
del certamen llevado a cabo en los
Juegos Florales de Nueva York de 1954
y dedicado a Conchita Barros,
princesa de la Corte de Amor.*

Mensaje a la Reina de los Corazones

S. M. Carmen Belén I

Salve oh tú, majestad de corazones,
Reina de la bondad y de consuelo,
que traes a nuestras almas paz y dicha
y colmas con tu amor nuestros anhelos.

Dios bendiga tu trono soberano
donde luces, cual gema primorosa
engastada en la concha color grana,
suspendida en un pétalo de rosa.

Eres hermosa, angelical y pura,
cual aura rosicler de la mañana,
que engalana los bosques y praderas
con jirones de luz, ¡oh Soberana!

Tus súbditas, tus buenos compañeros,
traemos para ti de aquel jardín,
las flores más hermosas y lozanas
que con su amor regó San Valentín.

Su corazón sincero, noble y puro
late en la eternidad del alto cielo
ungiendo tu alma generosa y casta
con el místico aroma de su anhelo.

Unidos tus vasallos te ofrendamos
amor y gratitud, diosa de amores,
y en cambio te pedimos tu sonrisa,
para guardarla en nuestros corazones.

Corazones cargados de cariño
rebozan de placer y de esperanza,
confiando ver en ti, ¡oh Soberana!,
una antorcha de luz, paz y bonanza.

Te auguramos un reinado venturoso
que colmarás de paz y bendiciones,
aliviando el dolor y la amargura
y llenando de amor los corazones.

Acoge este mensaje, Reina hermosa,
cual la tierna y más dulce melodía
con que cantan los bardos a las divas
cargadas de pasión y de poesía.

Que este día generoso siempre lleve
el recuerdo feliz de tu reinado,
que ha llenado de amor los corazones
y a ti, Carmen Belén, han proclamado.

A Puerto Rico

Es mi Borinquen la bella isla
llena de ensueños y encantos mil,
donde la brisa de la mañana
nos trae perfume suave y sutil.

Perfume grato nos dan sus flores,
acariciado por este sol,
siempre risueño, siempre amoroso,
que a todas ellas brinda amor.

Amor y vida hay en su suelo,
suelo bendito lleno de luz,
donde las fuentes murmuradoras
copian del cielo todo su azul.

El vallecito

En un lindo vallecito
circundado de palmeras
está una linda casita
rodeada de azucenas.

Es la casita muy blanca,
blanca como una paloma
que anidará entre flores
y volverá hasta la loma.

Vive en ella una ancianita
tan buena y tan generosa
que al hablar su voz evoca
las virtudes de una diosa.

Acompaña a la ancianita
una niña candorosa
llena de gracia y ternura
y es su tez color de rosa.

Ambas cuidan de las flores
que crecen en el vergel
y al llegar la primavera
se convierte en un edén.

Las alondras y los mirlos
se detienen al volar
y contemplan la casita
y entonan un madrigal.

La brisa de la montaña
y el arrullo del palmar,
despiértenlas muy temprano
y les brinda su cantar.

Cuando la tarde se viste
con su manto verde mar
la ancianita y la niña
juntas se van a rezar.

Elevan una plegaria
y llenan su corazón
del perfume sacrosanto
que les brinda la oración.

Ellas ruegan santamente
a ese Dios tan infinito,
que les proteja sus vidas
y guarde su vallecito
circundado de palmeras,
de azucenas y de lirios.

Anhelos

A Puerto Rico

Quiero hacer de Puerto Rico
una gema de esmeraldas,
un panal de ricas mieles,
una hermosa luminaria,
que alumbre nuestros senderos
e ilumine nuestras almas,
donde se extasíen nuestros ojos
en pos de amor y de calma.

Quiero hacer de este terruño
una patria bendecida,
donde se consuela al que sufre
endulzándole su vida,
para que pueda disfrutar
en su tierra prometida
de paz y felicidad,
bálsamo de sus heridas.

Quiero hacer de mi Borinquen
la más consagrada tierra,
que en su cielo siempre brille,
cual el fulgor de una estrella,
esa antorcha luminosa
que despierta en las conciencias
esa vivísima llama
que el amor en Dios sustenta.

Quiero hacer de este rincón
el oasis anhelado,
cubierto de verdes palmas

172

por bellas fuentes bañado,
donde todos los riqueños
con voz dulce y faz risueña,
bajo su cielo estrellado,
cantemos La Borinqueña.

Quiero hacer de esta, mi patria,
el paraíso del mundo,
donde todas las naciones,
en un abrazo profundo,
brinden por la democracia,
la libertad, la justicia,
olvidando para siempre
los odios y la avaricia.

Quiero hacer de esta isla
un jardín floreciente,
cuajado de mil flores
y fuentes de cristal,
donde las almas ahoguen
sus odios y rencores,
donde exista siempre dicha
y nunca more el mal.

Quiero hacer de mi patria
el oasis fecundo
de fértiles praderas
bañadas por el sol,
donde todos sus hijos,
por el amor unidos,
brindamos por su gloria
con nobleza y valor.

El cafetal

Hombre, si conservas y cultivas tu tierra;
serás libre.

Con la faz sonriente
y la paz en su alma
camina jalda arriba
el humilde labriego,
con la mirada fija
en la verde espesura
donde parece besarse
la loma con el cielo.

Camina alegremente
porque va confiado
que al llegar a la loma
su dicha ha de encontrar.
Allí están su bohío,
su familia y su bestia,
su pequeño conuco
junto al gran cafetal.

Cafetal aromoso,
santuario de las cuitas,
del humilde labriego
que allá en su soledad
tú le has dado esperanzas,
tú le has dado el consuelo
de ser un hombre libre
aquí en su propio lar.

Su sudor ha regado
tu esmeralda melena,
cafetal, tú has sentido
su profundo pesar,
y tú has sido su faro,
su sostén y su guía
para vivir luchando
y conjurar el mal.

En las frescas mañanas
le has brindado tu aroma
de las blancas guirnaldas
de jazmines en flor,
embriones de ese grano
sabroso y codiciado,
promesa de abundancia
que ahuyenta su dolor.
En las tardes cargadas
de luz y de colores
contempla el buen labriego
al bello cafetal,
que semeja a una diosa
envuelta en áureos tules,
que amorosa le augura
su paz y bienestar.

Cafetal que te alzas
altivo y arrogante,
con tu manto esmeralda
cuajado de rubí
te bendice el labriego,
te acaricia la aurora

con jirones, cual besos
de una luz carmesí.

Cafetal amoroso,
tú columpias las aves
que alegran con su canto
el noble corazón,
del humilde labriego
cargado de nostalgia
que evoca en ese canto
un madrigal de amor.

Cafetal, ese grano
pulposo y aromoso
que ostentas en tus ramas
con gala y esplendor,
es la esperanza diáfana
que sustenta al labriego,
que trabaja su tierra
y confía en Dios.

Camina jalda arriba
muy feliz el labriego,
con la faz sonriente
y en su alma la paz
anhelante del tibio
calor de su bohío,
albergue sacro santo
junto a su cafetal.

Cafetal, tú que alientas
el amor a esta tierra

del labriego que aspira
su cabal redención
trabajando su suelo,
cultivando sus frutos
y educando sus hijos
con dignidad y honor.

Cafetal, tú que has sido
báculo del labriego,
promesa a su esperanza,
sedante a su dolor,
a ti, quiero cantarte,
a ti quiero ofrendarte
mis cantos y mis versos
pletóricos de amor.

Poema galardonado con el primer premio del
Concurso del Festival del Café en 1953.

Atardecer

Por las tardes de paseo,
cuando está brillando el sol,
a la playa caminamos
mi mamá, papito y yo.

Baña el agua las arenas,
mece la brisa al palmar
y las olas se levantan
y se agitan en el mar.

Salve, oh princesa

Salve, oh Soberana
de amor y de poesía,
de la gloriosa América
y de la España Inmortal,
que a coro te proclaman
de Amor su soberana
y ciñen hoy tu frente
con la corona Real.

Dios bendiga ese trono
donde luces, cual gema
engastada en la concha
de nácar y arrebol,
suspendido en el suave
pétalo de una rosa
embriagado de aroma,
saturado de amor.

Luces hermosa y diáfana,
como una mariposa
que columpia sus alas
a los rayos del sol,
cual sílfide ligera
envuelta en níveos tules,
ostentando sus galas
con gracia y esplendor.

Tus súbditos queridos
de hinojos nos postramos
ante tu augusto trono
erguido en Nueva York,
proclamándote Reina

de amor por tu hermosura,
por los juegos florales
de la Corte de Amor.

Las flores más hermosas
unidos te ofrendamos,
para alfombrar tu paso
por doquiera que vas,
perfumando tu alma
que nos da tu sonrisa
en la sacra bandeja
de tu dulce mirar.

Eres como una ninfa
en su alcázar de perlas,
retratada en la luna
de cristal de la mar,
que le lleva su aliento
al gimiente marino
que sacia al contemplarla
su inmensa sed de amar.

En este día dichoso
nuestro amor te brindamos,
porque serás el faro
que ardiente alumbrará
nuestra escabrosa senda,
nuestras noches obscuras
y en medio de la niebla
tu luz alumbrará.

Tu dulce nombre Sylvia
inspira en cada letra
amor, paz y esperanza,

cual salmo de David
llenando de entusiasmo
los tiernos corazones
que allende de los mares
suspiran hoy por ti.

Esta isla de encanto
bañada por las olas
te ofrece una diadema
de conchas y coral,
relicario elocuente
de epopeyas pasadas
que evoca la grandeza
de tu tierra natal.

Los poetas y bardos
cantan a tu hermosura.
¡Gentil Sylvia Primera
Soberana de Amor!
Ante tu augusto trono
tachonado de estrellas
donde luces, cual astro
de radiante fulgor.

Te aclama Hispano- América,
su gentil soberana
de los Juegos Florales
de su corte de Amor,
porque encarnas la gloria
de estas tierras hermanas
consagradas al triunfo,
bendecidas por Dios.

No olvides nunca, Sylvia
esta inefable noche
con que luces tus galas
como Reina de Amor
y tus lindas pupilas
nos regalan fulgores
y tus labios de rosas
de la miel, el dulzor.

Acoge este mensaje,
cual madrigal sonoro,
y guárdalo en tu pecho
junto a tu corazón,
donde la vida, llama
de tu amor, le dé vida
y perdure por siempre
tu reinado de amor.

Salve, oh Sylvia Primera.
Salve, oh gentil hermana
en esta fausta noche,
símbolo del amor,
te regalo mis versos,
te regalo mi lira.
¡Porque encarnas la gloria!
¡Porque tú eres amor!

Dedicado a S.M. Sylvia I,
Reina de Amor de los Juegos
Florales en Nueva York.
Galardonado con el segundo premio
de estos juegos florales en 1954.

Como quiero que seas

Quiero que tu frente
de luz sea bañada,
de luz de los cielos
siempre iluminada.

Que tu risa alegre
como una cascada,
alegre a los tristes,
les traiga calma.

Quiero que tu alma
generosa y noble
comprenda a los niños,
juzgue bien a los hombres.

Quiero que tus labios,
cual ramos de flores,
derramen su esencia
en los corazones
de los olvidados,
huérfanos de amores.

Quiero que tu alma
sea como la fuente
límpida, serena,
clara, transparente.

Que tu alma ingenua
sea como los lirios
alba, perfumada,
ajena de vicios.

Quiero que la luna
sea tu confidente
y en las noches tibias,
dile lo que sientes.

Dile lo que anhelas,
dile lo que quieres,
y ella con su luz
bañará tu frente
de efluvios divinos,
cual besos ardientes.

Quiero que tus manos
guíen al desvalido,
le brinden consuelo
aunque sea un mendigo.

Quien sabe quizás
si en aquel mendigo,
más tarde hallarás
tu mejor amigo.

Quiero que tú seas
flor de la esperanza,
despiertes anhelos
y cultives almas
llenas de entusiasmo
valor y confianza.

Que a tu paso riegues
rosas saturadas
de amor y perfume,

cual esencia mágica
que convierta en dicha
las penas amargas.

Quiero que tu nombre
sea cual relicario,
prendido en el pecho
como en un santuario,
de los que aprendieron
a ser más humanos.

Quiero que tú vivas
feliz y dichosa,
suave, cual la brisa
tierna y amorosa.

Quiero que tú seas
luz de porvenir
y enseñes al mundo
cómo ser feliz.

Poemas sobre el magisterio

Acróstico

Escuela Jesús María Quiñones

Este centro docente tan querido
se levanta majestuoso y arrogante,
con el roble frondoso, fuerte y recio,
útil al hombre y al pajarillo errante
en cuyas ramas amoroso y tierno
las notas de su canto brinda amante
al sol resplandeciente, disco eterno.

Jóvenes que en sus aulas tan queridas
evocan de Minverva, luz y gloria,
sostengan muy en alto su bandera,
unidos todos escribirán la historia,
símbolo de grandeza de esta escuela.

Maestros, consagrados y valientes
anhelosos cumplidores del deber
reciban de estos jóvenes su aliento
inspirados en la causa de aprender
arraigados en sus nobles sentimientos.

Queridos padres, buenos y sinceros,
utilicen con su amor la misión santa
incrustando en los tiernos corazones
ñorba aromosa de fecunda planta,
ornato de Jesús por su pureza
nimbado de una luz resplandeciente,
enseñando a los niños sus virtudes,
señalando su camino floreciente.

Salutación

Querida Maestra
queridos compañeros
a todos los saludo
con cariño sincero.

Mis queridos compañeros
hoy nos vamos a graduar
llevándole la alegría
a nuestros buenos papás.

Este diploma nos trae
mucha felicidad
este día tan dichoso
nunca se podrá olvidar.

Adiós queridos maestros,
adiós mis amigos buenos,
adiós queridos papás
los saludo con un beso.

Cálido homenaje

Despedida a una profesora

Hoy la escuela celebra emocionada
el cálido homenaje de Partida,
de la ilustre maestra que es hoy gloria
de estas aulas benditas y queridas.

Esta escuela que recuerda tu nombre
será prestigio del pueblo que hoy añora
ser la gloria y orgullo de Borinquén
y de su amanecer, ser tú su aurora.

Compañera que dejas en tu vida
una estela de luz y de esperanza
porque pusiste luz en las tinieblas,
fervor y devoción en la bonanza.

Un remanso de luz y de poesía
se refleja en tu frente, compañera,
como nimbo celeste que adornara
con flores de candor la primavera.

Tu alma, rosa de fragante aroma,
se abre a la tierra, caricia de los niños,
perfumando a los tiernos corazones
con la esencia divina del cariño.

Has regado semillas sacrosantas
de amor y gratitud bien remojadas
y has cultivado flores muy hermosas
y has cosechado frutas sazonadas.

Hoy los tiernos corazones que guiaste
unísonos te ofrecen sus latidos,
latidos de amor que le encendiste
con tus consejos sabios y divinos.

Tu jornada está llena de emociones
que prendieron en tu alma los destellos
de enseñar a los niños y guiarles
que existe un solo Dios, un Dios eterno.

Que los vicios, el odio y la calumnia
no deben existir en nuestras vidas,
que estudiemos y estemos siempre alertas,
a combatir la infamia y la mentira.

En este cálido homenaje, compañera,
te ofrecemos nuestro amor y gratitud,
porque has dado a tu pueblo generosa
tu talento, devoción y juventud.

Es muy poco quizá lo que te damos
comparado con lo mucho que tú has dado
pero te lo bridamos con el alma toda,
tesorero más sagrado del humano.

Acoge este mensaje tan sentido
de este cuerpo de buenos compañeros
que alentaste tú con tus consejos
y en tu santa misión, fuiste su ejemplo.

No olvides nunca este grato día
en que todos formamos fuerte lazo
de confraternidad, paz y alegría,
unidos todos, en estrecho abrazo.

Así todos unidos te ofrecemos
nuestro cariño y amistad sincera
que puedes cultivar como las flores
con destellos de luz de primavera.

Recibe estas flores tan lozanas
del jardín venturoso del recuerdo
y guárdalas como en un estuche sacro
junto a tus ilusiones en tu pecho.

No se marchitarán porque el rocío
de tus recuerdos dulces y sinceros
será bendito que dé vida
a este humilde bouquet de pensamientos.

*Poema dedicado a la
profesora de profesores
Mara Dávila Semidey
el día de su jubilación.
Patillas, 1951.*

Maestro

Maestro,
tú llevas en la frente
el ósculo de matices
arrancados al sol,
y en la mirada llevas
fulgores sacrosantos,
y escondido en tu pecho
un noble corazón.

Maestro,
tú eres el joyero
que, con mano muy hábil
descubres los valores
del opaco diamante,
y conviertes lo tosco
con tus propios esfuerzos
en una hermosa gema
de facetas brillantes.

Maestro,
tú eres el jardinero
que apartas los abrojos
y haces crecer lozana la perfumada
flor,
y a las tiernas criaturas
tú libras de los vicios,
brindándoles cariño,
cultivando su amor.

Maestro,
si al correr de los años
te sientes agotado,
sin fuerzas y sin bríos,
no te importe morir
porque has dado tu vida
a cambio de otras vidas,
con juventud y encanto,
con ansias de vivir.

Maestro,
ceñirás en tu frente
la diáfana aureola
que, cual diadema mística
ornara al Salvador,
porque tú lo mereces,
porque tú lo has ganado
y esa es tu recompensa
por tu inmensa labor.

Dedicado al compañero profesor
y dilecto amigo de Nueva York
Pedro Caballero López.
Fue publicado en un diario de Nueva York.

Era un maestro

Era una hermosa tarde
con derroche de luces,
brillaban en lontananza
el reflejo fugaz
de la tarde que, incierta,
buscaba su partida
en la cortina límpida
de cristal de la mar.

Era como un ensueño
de violines gimientes
que ahogaban sus suspiros
como el vago aletear
de la alondra dormida,
que allá entre las palmeras
columpiaba su nido
al ritmo de la mar.

Susurraban suspiros
allá en la lejanía
y era la agonía triste
de aquel disco solar,
que allá entre los confines
de la inmensa espesura
guardaba su melena
con altivez real.

Allá lejos, muy lejos,
veíase una sombra
y al acercarse a ella

se podía contemplar
una forma de hombre
de expresiva mirada,
que miraba y buscaba
con indecible afán.

¿Quién sería aquel hombre
que miraba y buscaba
algo que su alma inquieta
no podía adivinar?
¿Sería acaso un gran sabio,
quizás un poeta
que buscaba un paraje
para poder soñar?
Aquel no era un gran sabio,
ni tampoco un poeta,
y sí era un maestro
con ansias de encontrar
en el sagrado libro
que natura nos brinda
la forma más sencilla
para él enseñar.

Enseñar a los niños,
enseñar a los hombres,
la forma más sencilla
de aprender a encontrar
la enseñanza más bella,
la enseñanza divina
de amarse los humanos
y olvidarse el odiar.

Amarse al delincuente
y olvidar sus agravios,
pues quizás en su sino
te hubieras hecho igual,
amar al desvalido
y sus pasos guiarle,
tendiéndole la mano,
brindándole algún pan.

Perdonar al vicioso
y curarle sus lacras,
sirviéndole de ejemplo
su suerte cambiará,
perdonar al vanidoso
pues tiene el alma enferma,
enferma por su orgullo
que caro pagará.

Preparar bien los surcos
para que la semilla
del bien y del progreso
pueda bien germinar
y produzca la planta
de sazonados frutos,
que extermine los vicios
y el bien haga triunfar.

Cultivar esa planta
de sazonados frutos,
que le brinda entusiasmo,
inspiración y amor
al hombre que se afana

en dar todo lo bueno
y ofrendar hasta su vida
con nobleza y valor.

Por eso aquella tarde
con derroche de luces,
luces que se alejaban
de aquel disco solar,
veíase a un maestro
con afán indecible
buscar en la natura
el arte de enseñar.

Fue profesor de la Sra. Felisa Rincón de Gautier,
administradora alcaldesa de la Capital.

Día de graduación

¿Día de dicha; día de ensueños; grato día
has llegado, cual la cálida y suave melodía
de esa arpa melodiosa; tan sonoro y armonioso
con que premias a los niños
venturosos en su día.

Bello día, fausto día; día de gloria,
de consuelo y bienandanzas
con que obsequias esta dulce escuela mía
con el triunfo saturado de alegría,
perfumado con la flor de la esperanza.

Dulce escuela; escuela mía; templo grato,
relicario de mis cuitas y alegrías
has prendido en mi ardiente fantasía
las más bellas ilusiones de mi vida
con el premio conquistado en este día.

Compañeros; padres tiernos
y maestros tan queridos y sinceros
bendigamos a ese Dios que está en los cielos
por los triunfos alcanzados,
por esfuerzos realizados
colmando nuestros anhelos.

Recordemos compañeros, este día, fausto día,
día de ensueños, de placer y regocijo,
que ha nimbado nuestras frentes nacarinas
con la diáfana aureola diamantina
de laureles dignamente recibidos.

Compañeros, que las plácidas palomas
del recuerdo en este día
le regalen a esta hermosa escuela mía
sus más tiernas añoranzas,
endulzadas con felices remembranzas
de candor, de virtud, escuela mía.

¡Escuela mía, si en tus aulas sacrosantas
se han forjado mis más caras añoranzas
al calor de tus consejos y enseñanzas,
yo te ofrezco en este día
de tan plácida alegría
mis ternuras y alabanzas
como perlas engastadas
en la concha de mi amor y mi poesía.

Llegamos a la cumbre

Llegamos a la cumbre venciendo los escollos
henchidos nuestros pechos de la grata emoción
al recibir el triunfo tras titánico esfuerzo
que nos dio la victoria con dignidad y honor.

Somos gloriosos héroes, gloriosos luchadores,
que en este día dichoso le pedimos a Dios
bendiga a nuestros padres y buenos profesores
que nos dieran su aliento, cariño y devoción.

Luchamos y vencimos como valientes héroes
en el extenso campo del humano saber,
combatir la ignorancia, la perfidia y el ocio,
fue siempre nuestro lema para poder vencer.

Han pasado seis años de luchas incesantes,
seis años que han dejado en todo nuestro ser
huellas inextinguibles de amor grande y profundo
a estas aulas benditas, el templo del saber.

Nosotros, compañeros, habremos de estar siempre
unidos por los lazos de amor y gratitud
a esta querida escuela tan sagrada y bendita
como a una tierna madre por su solicitud.

Venerarla y honrarla será nuestra divisa
y llevarla grabada dentro del corazón
desde este fausto día que prende en nuestras vidas
una estela de gloria radiante como el sol.

Llegamos a la cumbre venciendo los escollos,
estos gloriosos héroes ansiosos de llegar
a la meta anhelada, a la cumbre bendita
donde el triunfo es la gloria de aprender y estudiar.

Con la faz sonriente llegamos a la cumbre
venciendo los escollos con firme voluntad,
más tarde lograremos, tras estudio constante,
laureles de otros triunfos unidos conquistar.

Aún no hemos llegado al último peldaño
de la gran escalera que habremos de escalar
para ser hombres cultos, laboriosos y honrados
que prestigien la patria, la escuela y el hogar.
Queridos compañeros, que este logro alcanzado
augure en nuestras vidas un bello amanecer
del día feliz que todos unidos laboremos
y hagamos de Borinquen un verdadero Edén.

Mensaje a las maestras

En el día del Maestro.

Con las flores más bellas de esta tierra,
con los versos más dulces de mi lira
quiero obsequiar a las buenas profesoras
de esta escuela tan grata y tan querida.

Es para ustedes, maestras muy amadas,
la miel de nuestras caras ilusiones
guardada en el panal de nuestras vidas,
cultivada con paciencia y con amores.

Quiero ser breve, pero yo quisiera
arrancar de ese cielo un pedazo
y hacer con él para abrazarlas todas
de cariño y gratitud, eterno lazo.

En este día de gloria para ustedes
al recibir en cálido homenaje
las más dulces y bellas melodías,
les envío este cálido homenaje
saturado de amor y alegría.

Honremos nuestra maestra

Buenos días, señorita,
buenos las tengan niñitos,
me da gusto saludar
niños tan educaditos.

¿Señorita, está contenta
de ser nuestra profesora?
¡Mucho me satisface
esta escuela encantadora!

Los niñitos de esta escuela
hoy se sienten muy felices
porque tienen otra madre
que los educa y dirige.

Niñitos sean obedientes,
honrados y laboriosos,
sean amigos y verdaderos
responsables y estudiosos.

Sabremos siempre poner
muy en alto su buen nombre
que hoy de niños nos prepara
para ser útiles hombres.

Cantemos todos unidos
por la escuela y la maestra,
por la gloria de esta patria
tan generosa y tan bella.

Mensaje al magisterio de la capital

Hoy la capital se viste
con sus galas más hermosas
y al magisterio recibe,
cual joya imperial, preciosa.

Magisterio que te alzas,
cual faro de luz y gloria,
de esa juventud que alientas
tú gozarás su victoria.

A puerto de salvación
tú llevarás esa nave
donde va la juventud
en pos del saber, la llave.

Tú das a esa juventud
tu talento, tu nobleza,
tu inspiración, tu virtud,
de tu alma la pureza.

Hoy todos te glorifican
por lo que encarnas, maestro,
por tu misión sacrosanta,
de Rey mereces un cetro.

Este pueblo hoy te ofrece
de hinojos su corazón
y con las más bellas flores
de gratitud el blasón.

Magisterio, tú que eres
la más grata inspiración,
¡seas loado en este día
de feliz recordación!

Sea tu emblema, magisterio
dignificar esta tierra;
alentar su juventud;
defender su bandera
y entonar en sus escuelas
el himno, La Borinqueña.

Mensaje de graduación dedicado a la mujer de
Las Américas del 1954
Hon. Felisa Rincón de Gautier

Mujer que llevas encendida el alma
con fulgores de amor y de consuelo,
en los labios, la miel de los panales
y en tu pecho, pasión, piedad, anhelos.

Son tus ojos dos faros que iluminan
con destellos de luz resplandecientes
la senda del lisiado, del mendigo,
del huérfano, la viuda, el delincuente.

Los niños pronunciamos tu buen nombre,
cual sublime oración que santifica,
porque cultivas nuestras níveas almas
con tu bondad, tu voz y tu sonrisa.

Sonrisa eterna, sin igual sonrisa
que Da Vinci imprimió a su Monalisa,
la llevas suspendida en tu rostro,
cual hálito de luz, sin par Felisa.

Tu férrea voluntad, tu dulce acento,
tu chispa de mujer y de madona,
han pulido las joyas más preciosas
que con honor ostenta tu corona.

Esa santa misión que te has trazado
de servir a tu pueblo y darle aliento
ha conquistado para ti la gloria
que allende de los mares, lleva el viento.

Proclamada Mujer de Las Américas
simbolizas la Diosa consagrada
a estrechar más los lazos fraternales
de las Américas, orgullo de la raza.

El trono augusto que se yergue altivo
para lucir tu angelical belleza
tachonado será de hermosas flores
del jardín inmortal de toda América.

Tu figura ejemplar, noble matrona,
tu luminosa historia como un faro
serán la aurora rosicler que alumbre
nuestro cielo de niños, puro y claro.

Este día venturoso te brindamos
los niños y maestros de Quiñones,
cariño y gratitud en áureo estuche,
relicario de amor y bendiciones.

Recibe con cariño, cual guirnalda
cuajada de mil rosas purpurinas,
estas frases sentidas que hilvanamos
para nimbar tu frente nacarina.

Acoge este mensaje puro y casto,
como son nuestras almas sensitivas
al calor de los besos de una madre
que con su amor y aliento nos cautiva.

Este primer trofeo que hoy ganamos
tras estudio constante y duro empeño,
lo ofrendamos a ti porque tú eres
la inspiración de un porvenir risueño.

Este glorioso día lo dedicamos
a ti los graduandos de Quiñones
y tú estarás aquí para inspirarnos
con tu amor, entusiasmo y bendiciones.

Despedida

Hoy se va de nuestra escuela
la muy gentil presidenta
Doña Aurea tan querida
para otros lares se ausenta.

Reciba querida amiga
nuestro cariño cordial
y en su alma siempre lleve
nuestra sincera amistad.

Reciban todos los miembros
que se ausentan por igual
de la anterior directiva
nuestro aprecio sin igual.

Gracias por la magna obra
que pudieron realizar
en bien de nuestra escuelita,
de los niños y el hogar.

Reciban nuestro cariño
madrecitas tan queridas,
que dan todo lo que tienen
por alegrar nuestras vidas.

Sea el 55
año de prosperidad
que a todas traiga alegría
salud, cariño y bondad.

Poemas pedagógicos

Rimas adaptables a las
clases de Educación

Los meses del año

En una preciosa jaula
doce lindos pajaritos
saludan al nuevo día
con sus más alegres trinos.

Son de colores muy vivos,
de diferentes tamaños,
son felices en la jaula
y trabajan todo el año.

Sale el primero de todos
a la jaula a trabajar
y al cabo de varios días
vuelve para descansar.

Sale afanoso el segundo,
algunos días está afuera
y así sale uno a uno
hasta que el último llega.

Cuando ya todos han ido
y cumplido sus misiones
celebran muy jubilosos
el triunfo de sus labores.

Estos lindos pajaritos
tienen nombres muy bonitos
que tú debes aprender
porque son todos distintos.

Cuando empieza el nuevo año
sale a laborar primero
el pajarito mayor
que lo llamamos, "enero".

Siguen pasando los días
hasta el regreso de enero,
cuando sale presuroso
el más pequeño, "febrero".

Les siguen "marzo" y "abril"
"mayo", "junio", "julio", "agosto",
"septiembre", "octubre" y "noviembre",
"diciembre" va tras de todos.
Cuando vayas a nombrar
estos lindos pajaritos
recuerda los doce meses
del año, ¡son tan bonitos!

Las frutas

Frutero, ¡qué lindas frutas
llevas hoy en tu canasta!,
bien maduras, bien jugosas,
¡qué placer saborearlas!

Mira, ¡qué lindos melones,
qué guayabas más hermosas,
jobos, piñas y granadas,
limas, chinas, pomarrosas.

También llevas en tu cesta
frutas que vienen de afuera,
melocotones, manzanas,
cerezas, fresas y peras.

Ya se acercan, buen frutero,
los niñitos de la escuela
a comprarte de tus frutas
para una buena merienda.

Ellos saben que las frutas
hacen bien al cuerpo humano ,
le dan calor y energía,
lo conservan fuerte y sano.

Por eso yo cada día
como siempre frutas frescas,
para conservarme fuerte
y que sano mi cuerpo crezca.

Lectura

Mi linda muñeca
se llama Rosita,
la baño, la peino
como a una niñita.
Le coso la ropa,
le tejo el calzado,
le arreglo la cama
con mucho cuidado.

En la tala de mi casa
se cosechan calabazas,
corran todos,
compren todos,
coman todos calabazas.

Ratoncito blanco,
corre, corre aprisa,
mira que a ese gato
tú le causas risas.
Corre, corre, corre,
corre sin cesar,
mira que ese gato
te quiere cazar.

En mi libro estudio,
en mi libro leo,
¿dónde está mi libro
que yo no lo veo?

Margarita tan bonita,
tan graciosa, juguetona,
¿quieres que te cuente
el cuento de la gallina Rabona?

Vamos todos,
vamos ya,
a ver la vaca
de papá.

Vengan todos,
vengan ya,
que la vaca
se nos va.

Pío, pío, pío
decía el pollito,
el cielo se cae,
yo misma lo he visto.
Corramos mamita,
corramos a prisa,
que el cielo se cae,
se nos cae encima.

Rizos de Oro
salió a buscar
rosas y lirios
para mamá.
Linda niñita,
no corras más
que los tres osos
se fueron ya.

Las tres cabritas
fueron a buscar
yerba verde y fresca
para almorzar.
Debajo del puente
un duende salió,
pero Cabra Grande
pum… lo derribó.

Cotorrita, cotorrita,
cotorrita regañona.
¿Por qué regañas a mi gato,
porque se lame la cola?

Mira los gatitos,
qué lindos están.
Ellos beben leche,
ellos comen pan.

Tin, tin, tin,
tan, tan, tan,
mira las campanas
que altas están.

Carlitos, mira la playa,
mira las olas del mar,
mira cómo van y vienen
las arenas en el mar.

Jau, jau, dice Leal,
jau, jau, para ladrar.
Miau, miau, dice Zapín,
miau, miau, para decir,
miau, miau, desde un rincón,
miau, miau, veo un ratón.

Mi gatito se perdió
no lo he podido encontrar
lo busqué y no lo hallé
tengo ganas de llorar.

La palomita está triste
y ya no quiere cantar,
porque ese gato malvado
se subió al palomar.

Gato malvado
no vuelvas más,
deja tranquilita
en su palomar
a mi palomita
que triste está.

Duerme niñito mío,
no tengas miedo,
aquí junto a tu cama
velo tu sueño.
Cierra tus lindos ojos,
duerme tranquilo,
que la noche se acerca,
ya el sol se ha ido.

Campanita, campanita,
campanita de cristal,
suena para mi mamita,
suena para mi papá.

Cuando llega de la calle
mi papá va al corral,
a ver su gallo amarillo
que esperándolo allí está.

Mamita, mira las flores,
que cultivo en el jardín,
tengo lirios, tengo rosas,
tengo dalias para ti.

Mamá mía, yo te amo,
yo te quiero, te idolatro,
yo no encuentro en este mundo
otro amor más puro y santo.

Mi gallo canta,
mi gallo vuela,
pero mi gallo
no va a la escuela.

Corren, corren
los pollitos,
pían, pían
todo el día,
detrás de mamá gallina
ellos corren,
ellos pían.

La mamita de Paquito
ayer tarde le pegó,
porque no vino a la escuela
y en un árbol se subió.

Los patos en el estanque
se parecen vaporcitos,
¡mira madre cómo nadan!,
¡mira madre qué bonitos!

Margarita, el cielo azul
está cubierto de estrellas,
las llanuras de amapolas,
el jardín de flores bellas.

Madre, vamos a la mar
a jugar con las arenas,
como tú eres tan buena,
no me dejas de llevar.

Tengo un sombrerito
de paja muy fina,
se lo cambié a mi abuela
por una gallina.
La gallina come,
la gallina bebe,
pero el sombrerito
ni come, ni bebe.

El cazador fue de caza,
una paloma casó,
¡cazador déjame libre!,
la paloma le gritó.
Dime cazador ingrato,
di si tienes corazón,
para ver morir tus hijos
sin tristeza y sin dolor.

Mi cabrita brinca,
mi cabrita salta,
y ella me da leche
para la semana.
Yo le corto yerba,
yo le busco grama
y ella me da queso
para la semana.

Caperucita Roja,
¿a dónde vas?
A ver a mi abuelita,
que enferma está.
Caperucita Roja,
tenga gran cuidado,
que anda por el boque
un lobo malo.

La linda Caperucita
a un bosque se encaminó,
para ver a su abuelita
y un lobo se la comió.

Los tres Reyes Magos
me van a traer
un libro de cuentos
para yo leer.

Medio Pollito,
di la verdad,
¿qué te ha pasado
que cojo estás?

Medio Pollito
solo salió
y a su casita
nunca volvió.

Pececito, pececito,
pececito de color,
no te acerque
a la orilla
que está cerca
el pescador.

Quetzal era un indiecito,
en las montañas vivía.
Amaba a los pájaros
y ellos también lo querían.

La caña ya está madura,
ya la empezaron a cortar.
Ya están llenos los vagones
camino a la central.

Higiene y Salud

Todas las mañanas
con mi cepillito
me limpio los dientes
y siempre están bonitos.
Y luego por la noche
me veréis hacer,
limpiarme los dientes
y a dormir después.

Vaquita, mi buena vaca,
¿me quieres dar un poquito
de tu blanca y pura leche
para mi buen abuelito?

Niñito, saca mi leche,
para tu buen abuelito,
pero no la saques toda
porque tengo un becerrito.

Límpiate los dientes
con cepillo y pasta,
no cuesta muy caro
ni mucho se gasta.

Asea tu cabeza,
tenla bien peinada,
mira que las niñas
deben ser aseadas.

Córtate las uñas
córtatelas bien
las uñas muy largas
¡qué feas se ven!

Mamita, mamita,
yo quiero comer
de aquella manzana
que compraste ayer.

Cerezas rojas,
dulces cerezas,
comamos todos
rojas cerezas.

En el desayuno
tú debes tomar
leche pura y fresca,
fruta, queso y pan.

Niñito, come legumbres,
come frutas y viandas,
toma mucha leche pura
y agua fresca en abundancia.

Estudios Sociales

Mi hermanito
es tan bonito,
tan gracioso
y juguetón,
que de todos
en mi casa
es siempre la diversión.

Cuando sea grande, mamita,
agricultor yo seré,
haré talas, haré hogueras,
y el negro carbón haré.
Sembraré ñames, melones,
caña de azúcar, café,
piñas, cocos, aguacates,
chinas dulces, cual la miel.

Vamos a reír,
vamos a gozar,
en los caballitos
yo quiero montar.

La Navidad se acerca,
qué buena es Navidad,
los niños se alegran
que venga Navidad.

Ayer por la tarde
después de cenar
cogí mi guitarra,

me puse a tocar.
Bailaba abuelita,
bailaba mamá,
bailaba abuelito,
bailaba papá.

Mira el buey
cuánto trabaja,
está cansado de arar.
No descansa un solo día,
nació para trabajar.

El carpintero
usa el serrucho,
usa la lima,
usa el formón,
construye casas,
construye muebles,
muebles bonitos
del comedor.

Vamos a leer,
vamos a escribir,
después del trabajo
todos a reír.

Mi buena gallina blanca
me sacó nueve pollitos,
ellos andan, ellos pían,
ellos comen gusanitos.

La calandria y la reinita

son dos lindos pajaritos,
comen frutas, buscan pajas,
y fabrican sus niditos.

Vamos a la escuela,
vamos aprender,
a ser obedientes
y honrados también.

Vamos mamita,
vamos papito,
a ver el oso
que está en el circo.

Niñito ven a escuchar,
lo que el radio va a tocar
para que puedas hablar
de la tierra, aire y mar.

Ciencia Elemental

¿Por qué vuelan las aves
mamita mía?
¿Por qué vuelan las aves?
No lo sé yo,
si lo supiera hijo
te lo diría,
eso hijito mío, lo sabe Dios.
Lo sabe Dios.

¿Qué es el aire?,
no lo sé,
tú me lo vas a decir,
solo sé que el aire sirve
para nosotros vivir.

Allá van las mariposas,
yo quisiera adivinar,
dónde van las mariposas
que no cesan de volar.

Me gusta la caña,
me gusta el limón,
es dulce la caña,
agrio el limón.

Mira, mira los marullos,
allá lejos en el mar,
quisiera saber qué hacen
los marullos en el mar.

Las chinas son amarillas,
las manzanas encarnadas,
los aguacates son verdes,
las cerezas coloradas.

Palomita, palomita,
llévame a tu palomar,
quiero ver como tú enseñas
tus hijitos a volar.

Perfume me dan las flores,
el campo me da su brisa,
su canto los ruiseñores,
mi mamita su sonrisa.

Yerba para el conejito,
yerba fresca para él,
tráele yerba al conejito,
hoy no encuentra qué comer.

Mi perrito corre y salta,
brinca, ladra y juguetea,
y a manera de abanico
su linda cola menea.

Vamos a la playa,
vamos a la mar,
con agua salada,
me quiero bañar,

Cuida de ese árbol
porque te dará
su fuerte madera
para hacer tu hogar.

Aritmética

Mamita quiero contar
las estrellas en el cielo,
tú no las puedes contar,
porque no sabes cortar
ni las uñas de tus dedos.

Diez y diez son veinte,
cinco y cinco, diez,
diez y dos son doce
y once veintitrés.

Quiero aprender a contar
del catorce en adelante,
para ayudar a papito
a contar los aguacates.

Voy aprender a contar,
voy aprender a sumar,
para saber los juguetes
que los Reyes me traerán.

Antes del dos es el uno,
después del dos es el tres,
antes del nueve va el ocho
después del nueve, va el diez.

El número diez
lo escribe mi abuelo
con una rayita
y después un cero.

Dan la una,
dan las dos,
dan las tres
en mi reloj.

Seis más seis son doce,
ocho y dos son diez,
cuatro y tres son siete,
tres y siete, diez.

Vamos a escribir
el número uno,
con una rayita
tenemos el uno.

Sé escribir el uno,
sé escribir el tres,
sé escribir el ocho
y también el diez.

Vamos a contar
tus lindos juguetes,
¡qué bonitos son!,
ya pasan de siete.

Mamita me compra
todas las mañanas
con cinco centavos
toronjas y manzanas.

Tú vas a contar,
las patas del gato,
¡que tú no lo sabes!,
dos y dos son cuatro.

Cuenta los pupitres,
cuenta las pizarras,
cuenta las ventanas
que tiene esta casa.

Educación Física

Vengan mis amigos,
vengan a jugar,
alegres la vida
debemos pasar.

Capitán de los soldados
ahora te toca marchar,
vete al frente de tu gente
para que pueda ganar.

Luis debe correr
de espalda y de frente,
pero si se cae
se reirá la gente.

Vamos a correr,
vamos a saltar,
verás que contento
tú te sentirás.

Debemos jugar
a los soldaditos,
será capitán
el que sea más listo.

Correr, brincar,
jugar y saltar,
son los ejercicios
que debemos practicar.

Corren y juegan
en el recreo
niños y niñas
de aquí los veo.

Pepe y Juan
van a la mar
para pescar,
para nadar.

Carlitos construyó un bote
para aprender a pescar,
mucho cuidado Carlitos,
que tú no sabes nadar.

A marchar niñitos,
todos a marchar,
después que marchemos,
todos a jugar.

Para que puedas estar
robusto, ligero y sano,
jugarás todos los días
y te levantarás temprano.

Inglés

Take something red,
take something blue,
take something white
for Mary and you.

My mother was in the garden
my father was in the farm
my kitten was on the chair
my pony was in the farm.

We can not run,
we can not play,
children are sorry
this rainy day.

Children are running,
children are playing,
children are happy
this sunny day.

Come to me baby,
come and sit with me,
I will tell the story:
"The Pigeon and the Bee".

Arbor Day is coming,
happy are the trees,
happy are the children
when they plant a tree.

Daisies are white
with golden heart,
look at my daisies
how pretty they are.

Here is my kitten,
here is my dog
give milk to my kitten
give meat to my dog.

I love this flowers
because they give
delicate perfume
to you and me.

The moon is round,
the sea is deep,
flowers are pretty,
the trees are green.

Father said: "Oh, Mother,
Billy wants a dog".
Mother said: "Oh, Father,
Nancy wants a dog".

My birthday is coming.
Do you want to play?
Come to play with Nancy
in this happy day.

Look the running water
running down the river.

Look the giant trees
bordering the river.

Take the broom
and sweep the floor,
open the window
and shut the door.

Helen bathes the baby,
mother cooks the food.
Father milks the cows,
Henry brings the wood.
This is our task
day after day.
When the work is over
we are happy and gay.

I want a vessel.
I want a ship.
I want a boat
to cross the sea.

Come Jane,
come Dick.
Come and sing
a song to me.

What pretty is this mango tree
that gave a fruit to me.
Give another to my mother,
Who is with me?

Mother, mother,
look at me,
look at this picture,
what is this?

Christmas is coming.
Christmas is coming.
Children are anxious
to see Christmas coming.

Funny, funny little dog.
Funny, funny little kitten
come and play with my ball,
come and play with the children.

Cherries are pretty.
Cherries are sweet.
Here are some cherries
for you and me.

I have a little kitten,
his name is Spot.
My kitten wants to play.
My kitten wants to run.

Sugar cane grows in the valley.
Coconut grows in the beach.
Coffee grows in the mountains
and grape trees near the sea.

I want a dog.
I want a kitten.

I want a ball
for the children.

One, two, three.
One, two, three.
Give a toy to baby,
give a book to me.

Father has a cow.
Mother has a hen.
Give grass to his cow,
give corn to her hen.

Mango tree, mango tree,
give a fruit to me.
Give another to mother,
who is with me?

My school is pretty,
my school is clean.
My school has flowers,
my school has trees.

The birds are singing,
the bells are ringing.
Good and happy news,
Christmas is bringing.

Little Rabbit,
hop, hop, hop,
there is coming
a big dog.

Happy said, Bow-wow,
Bow-wow, he said.
He saw little pigs
and run after them.

Happy ran and ran,
ran after the chicken.
Run away my dog,
do not take the chickens.

El triunfo de la escuela

Oye, Héctor, ven acá.

Muchacho, no seas tan tonto,
ven acá y verás qué buena
proposición voy a hacerte.

Mira, yo tengo un anzuelo,
y nos marchamos de juerga
a pescar para la playa.

Pero si no sabrán nada,
¡muchacho! ¡no seas tan pelma!

Pareces, chico un vejete,
¡ni tan sabio te creyera!

Espera, espera.
No me vengas con sermones.
Que digas tú lo que quieras
yo me he de ir a pescar.
¡Ya verás qué buena pesca!

Si lo dejas para entonces
ya veré de vivir
como se pueda.

Chico, me das canilleras
con tus terribles augurios,
¡vas a hacerme ir a la escuela!

Bueno, y de dónde te has sacado
tanta sapiencia.
¡De veras que me estás entusiasmando!

¡Ah, quién tuviera madre
que estas cosas me dijera!
¡Mamá!, a mamá no la culpo.
Siempre está mi pobre vieja
trabaja que te trabaja,
y a penas tiempo le queda
para dar a su hijo un beso.

Bueno, se acabó la pesca,
me doy al fin por vencido .
Has ganado la pelea.

¿De los dos? ¡No!
¡De la escuela!

Publicado en San Juan, Puerto Rico
Junio de 2015

247